부처, 대단한 발견

부처, 대단한 발견

글·사진 지월 스님

2025년 4월 30일 초판 1쇄 인쇄
2025년 4월 30일 초판 1쇄 발행

펴낸이 | 이재필
펴낸곳 | 움직이는책
등록 | 2021년 6월 15일 제2021-000054호
주소 | (02717) 서울특별시 성북구 보국문로18가길 52, 302호(정릉동)
전화 | 010-2290-4973
팩스 | 0508-932-4973
전자우편 | moving-book@naver.com

편집 | 이규성
표지 · 본문디자인 | 로로브레인
교정 · 교열 | 이은미
인쇄 | 보임디자인(주)
도서유통 총판 | (주)자유서적 (전화 031-955-3522, 팩스 031-955-3520)

부처, 대단한 발견

글·사진 지월 스님

움직이는책

우리가 일반적으로 아는 불교와 깨달음이라 하면 높은 차원의 깊고 고명하고 절대적이어서 갈 수도 넘을 수도 없는 나와는 전혀 상관없는 일이라 생각한다.

그러나 부처 즉 깨달음은 인간이라면 누구라도 가지고 있고 우리 모두에게 있는 보편적이고 평등한 것을 말한다.

누구든 관심 있다면 알 수 있는 일이다. 이 책을 통해 자기 본래의 참모습을 바로 보고, 스스로 '놀라운 세계'의 땅에 직접 걸어 들어갈 수 있다는 믿음과 용기를 가지게 되기를 바라며 애써 글로써 허물을 남긴다.

우선 이 책의 구성은 부처의 탄생과 생애, 불교의 전개, 부파 불교와 결집 유식 중관학 등 아주 보편화된 교리적 내용을 서술하였고, 후반부에서는 화엄경 법성게華嚴經 法性偈를 중도와 연기의 방편으로 소승의 체험적 경험을 서술하였다.

이 인연으로 누구에게나 가지고 있는 타고난 본성에 깊은 사유를 통한 직접적 경험으로 '대단한 발견'의 세계를 확인하기를 서원한다.

불교에서 "당신이 바로 부처입니다"라는 말은 누구나 한 번쯤 들어보았을 것이다.

이 말은 우리가 태어날 때부터 본래 부처였다는 말이다.

내가 원래 부처였다는 사실에 놀랍지 않은가?

그런데 아무리 머리를 써서 불교를 공부하고 열심히 수행에 힘써도 도무지 부처의 모습이 보이지 않는다. 그러면 나의 부처는 어디에 있는가?

불교 창시자인 석존이 탄생한 인도에 있을까?

남방불교의 성지에 있을까? 대승불교의 성지인 중국 어딘가에 있을까? 아니면 밀교 성지인 티베트 사원에 있을까? 그것도 아니면 우리나라 큰 사찰이나 설악산 봉정암에 있을까?

결론은 밖으로 아무리 찾아도 찾을 수 없다는 사실이다.

그렇다면 정말 어디에서 어떻게 확인할 수 있을까?

아주 편하고 간단한 방법이 있다.

주위의 가까운 곳에 나 자신이 스스로 부처라는 사실을 바르게 경험한 사람을 찾아가 그분의 말에 진중하게 귀를 기울이다 보면 언젠가 의식이나 생각이 불현듯 사라지고 세상의 진실이 드러나는 체험을 할 수 있다. 이러한 경험을 할 때 당신은 진실로 '대단한 세계'에 들어서는 것이다.

불교인에게는 각각 자기만의 불교가 있다. 불교는 하나지만 각자의 생각으로 불법을 이해한다. 불법에 귀의한다는 사람마다 이해하는 불법의 이치가 각기 다르다. 그래서 불교는 알면 알수록 방대하고 무한하다는 것을 깨닫게 된다.

"불교는 모든 것을 다 수용할 수도 있고 모든 것을 다 부정할 수도 있다"라고 말한다.

이러한 말들은 매우 비현실적이고 비합리적일 수도 있다.

그렇다. 불교는 비현실적이고 비합리적이라고 충분히 말할 수 있다.

그러나 불교는 뜬구름같이 환상적이거나 허망한 상상의 종교가 아니다. 또한 일방적인 믿음의 대상을 가진 종교도 아니다.

2025년 3월
소원사에서

차례

I 불교의 출발 · 11

　　1. 이름 · 13
　　2. 탄생 · 14
　　3. 카필라성의 환경 · 18
　　4. 구도의 길 · 23
　　5. 고행 중단과 고행 동료들의 비난 · 34
　　6. 싯다르타의 새로운 도전 · 36
　　7. 깨달음과 49일의 망설임 · 39
　　8. 전법의 시작 · 40

II 부처의 설법 · 43

　　1. 첫 설법, 초전법륜의 내용 · 45
　　2. 부처의 설법 행로 · 65

III 부처 열반 후 불경의 역사적 흐름 · 107

　　1. 부처 말씀의 전승과 유파 · 109
　　2. 불경의 현대적 접근 · 155

IV 불교의 앎 · 165

　1. 물음의 종교 · 167
　2. 부파불교의 출현 · 177
　3. 대승불교의 출현 · 185
　4. 선종 · 192
　5. 유식 · 203
　6. 중관학 · 227

V 조사선의 방편 · 251

　1. 마음이란 무엇인가? · 253
　2. 한마음 깨치면 부처 · 255
　3. 무심이도 · 262
　4. 근원이 청정한 마음 · 269
　5. 일체를 여월 줄 아는 사람이 곧 부처 · 274
　6. 허공이 곧 법신 · 277
　7. 마음을 잊어버림 · 279

VI 중도, 연기적 방편의 화엄일성법계도 · 283

I

불교의 출발

1. 이름

석가모니로부터 불교가 시작되었다. 석가모니는 여러 '부처(붓다, 깨달은 자)' 중의 한 분이다. 석가모니의 본래 이름은 고타마 싯다르타이다. '고타마'가 성이며 '싯다르타'는 이름이다.

석가모니는 산스크리트어인 '샤캬무니'라는 소리를 한자로 표기한 이름이다. '샤캬'는 '석가족'이라는 말이며, '무니'는 '성자' 또는 '고행자'라는 뜻이다. 그러므로 '샤캬무니'는 '샤캬족(석가)의 성자'라는 말이다. 이 '샤캬무니'를 한자로 표시한 것이 석가모니釋迦牟尼다.

또는 '깨달았다'는 뜻의 '붓다'라는 말로 표현한다. '붓다'를 한자로 표기한 것이 '불다佛陀' 또는 '불佛'이다. 우리는 보통 '부처' 또는 '부처님'이라 부른다. 이처럼 '붓다佛陀'가 '부처'로 발음되는 것은 우리말 발음 현상인 구개음화의 결과다.

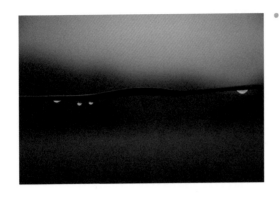

2. 탄생

아쉽게도 고타마 싯다르타의 일생을 구체적으로 기록한 자료는 없다. 다만 기원전 6세기쯤에 태어나 활동한 것으로 알려졌을 따름이다.

역사상 이 시기에 기록된 것이라고 확신할 수 있는 자료는 별로 없다. 이집트, 그리스, 황하 문명의 유역에서 발견한 것들이 대부분이다. 인도의 경우 역사는 대부분 역사의 흔적과 신화가 뒤섞여 있다. 그래서 그 실체를 확인하는 데는 많은 어려움이 있다. 인도에 관한 기록으로는 헤로도토스(대략 기원전 484~425년경, 고대 그리스의 역사가)가 그의 저서에 기록한 것이 있기는 하다. 이것 역시 그가 인도에 직접 가서 보고 기록한 것이 아니고 다만 전해 들은 것을 기록한 것이다. 따라서 우리는 석가모니의 일생을 이와 같은 정보의 한계 내에서 추정할 수밖에 없다.

석가모니 일생을 저술한 최초의 책으로 『불소행찬佛所行讚』이 있다. 석가모니 입멸入滅 6백 년 뒤에 인도 마명보살馬鳴菩薩, 아슈바고샤, Aśvaghoṣa, A.D.100~160이 지었다고 한다. 이후 석가모니 일생에 관한 여러 가지 책들이 나타나기는 하였지만 역사적 사실 여부에 대하여 이론異論들이 많다. 따라서 우리가 마주하고 있는 고타마 싯다르타에 관한 이야기는 본래의 모습과 다소 다를 수 있다. 이런 기록의 부족, 정보와 지식의 한계를 전제로 이후 다양한 저술을 통해 이 위대한 인물을 각자의 방식으로 만날 수밖에 없다.

비록 이러한 한계가 있다고 하더라도 여러 경로로 전달되는 이야기들을 바탕으로 고타마 싯다르타의 행로를 더듬어 본다.

고타마 싯다르타는 기원전 6세기경 인도의 작은 성城나라인 카필라바스투Kapilavastu의 왕자로 태어났다. 싯다르타는 카필라성의 부족 지도자인 슈도다나Suddhodana와 부인 마야데비Mayadevi 사이에서 태어났다. 마야는 출산하려고 여동생과 함께 친정으로 가다가 룸비니 동산에서 예정보다 일찍 아기를 낳았다. 룸비니는 오늘날 네팔의 땅이다. 그래서 부처는 '인도 사람'이라는 주장과 '네팔 사람'이라는 주장이 서로 맞선다. 하지만 그것은 오늘날의 사람들이 가진 기준으로 보는 따짐과 편가름일 뿐 당시에는 그런 이름도 국경도 없었다. 인도는 유럽에서 인디아India라는 이름으로 식민지 시대부터 사용되다가 1947년 인도가 영국으로부터 독립하면서 헌법에 명시된 국가 이름으로 알려졌다. 네팔도 1951년 헌법에 '네팔 왕국Kingdom of Nepal'이라는 이름을 공식적으로 명시하면서 지금까지 사용되고 있다. 따라서 붓다는 인도 사람도 되고 네팔 사람도 되지만 그저 카필라 왕국 사람일 뿐이다.

조기 출산과 난산 탓에 마야부인은 체력을 소진하여 아기를 낳은 지 일주일 정도 후에 세상을 떠났다. 부왕 슈도다나는 마야 부인의 동생인 마하프라자파티 고타미와 재혼하였다. 마하프라자파티는 싯다르타를 친자식처럼 양육하며 보살폈다.

. . .

3. 카필라성의 환경

대개 사람들은 '왕자'라는 신분의 명칭에 현혹되어, 고타마 싯다르타가 엄청난 재력과 막강한 권력을 누렸다고 생각한다. 그리고 그 재력과 권력을 버리고 힘겨운 구도의 길을 걸었다고 이야기한다. 그러나 실상은 그렇지 않은 부분도 있다.

카필라성 즉 카필라바스투는 기원전 6세기경 현재의 네팔 남부와 인도의 국경 부근 히말라야 기슭에 위치한 샤카족이 다스리는 작은 나라였다. 당시 인도 북부에는 16개의 나라(마가다, 코살라, 아반티, 밧지, 간다라, 카시, 수라세나, 체디, 말라, 밧사, 판찰라, 아스마카, 마츠야, 캄보자, 앙가, 쿠루)가 있었고, 또 20개의 큰 도시가 있었다. 그중 가장 강력하고 큰 나라는 고대 인도 북동부에 위치한 마가다 왕국으로, 현재의 비하르Bihar 지역에 해당한다. 싯다르타가 출생한 카필라성은 코살라 왕국에 속해 있었다. 코살라 왕국이 카필라 지역을 지배하고 있었다. 샤카족은 어느 정도 독립적 자치권을 가지고 있었다. 나중에 코살라 왕국의 왕 프라세나지트Prasenajit가 샤카족을 흡수하면서 카필라는 완전히 코살라 왕국에 통합되었다.

석가모니가 태어날 당시에는 서로 먹고 먹히는 정복 전쟁이 끊이지 않는 혼란의 시대였다. 이런 죽고 죽이는 전쟁의 소용돌이에 놓여 있는 작은 카필라성은 사람들이 생각하듯 큰 부귀와 영화를 누릴 만큼 대단한 왕국이 아니었다. 오히려 일촉즉발, 누란의 위기 형국에 놓여 언제 사라질지 모를 아스라 이 작은 국가에 지나지 않았다. 카필라성의 왕자라고 하여 엄청난 재력과 막강한 권력을 누릴 수 있는 여건이 아니었다. 오히려 피비린내 나는 전쟁이 계속되는 살벌하고 긴박한 나날의 연속이었다. 백성과 나라 문제, 삶과 죽음의 문제에 어쩔 수 없이 마주 서야 하는 엄중한 환경이었다. 풍전등화에 처한 약소국 왕자는 필연적으로 삶과 존재에 대하여 깊은 고뇌 속으로 빠져들지 않을 수 없는 숙명을 가지게 되었다.

이런 환경 속에서도 부왕 슈도다나는 왕자 싯다르타의 교육과 안위에 각별한 관심을 쏟았다. 싯다르타는 7세부터 왕으로서 갖추어야 할 기본 교육을 받았다. 철학적 사유와 종교적 마음을 가지도록 힌두교 철학서인 베다와 우파니샤드 등을 읽었다. 열반涅槃, 해탈解脫, 업業, 윤회輪廻 등의 개념은 우파니샤드 안에 들어 있는 내용이다. 또 교양과 관리 능력을 기르기 위하여 수학, 철학, 논리학, 언어학을 공부했으며, 각종 문자, 시, 법전 등을 배웠다. 그리고 군대를 통솔하는 능력을 갖추기 위해 군사학, 병법, 무예, 칼 쓰기, 활쏘기 등을 학습하고 훈련받았다. 특히 싯다르타는 칼 쓰기와 활쏘기에서 당시에는 그와 상대할 자가 없을 정도로 탁월한 실력을 갖추었다.

싯다르타의 어릴 때 성격은 조용하고 사려가 깊었다. 12살 어느 날 부왕父王과 함께 농사일 행사에 참석하였다. 거기서 싯다르타는 우연히 초췌한 모습으로 일하는 농부, 개구리가 벌레를 잡아먹는 모습, 뱀이 그 개구리를 잡아먹는 광경을 보았다. 약육강식이라는 지극히 잔혹한 먹이사슬의 자연 질서를 목격하였다. 이런 사회적 현실과 생존의 괴로움을 경험한 그는 큰 충격을 받고 깊은 사색에 빠져들었다. 부왕은 왕자가 깊이 사색에 잠기는 것을 자주 보면서 이전에 들었던 예언처럼 왕자가 왕궁을 떠날까, 걱정이 되었다. 그리하여 부왕은 싯다르타가 17살이 되던 해에 야소다라Yasodharā라는 규수를 맞아 결혼을 시켰다. 하지만 왕자로서 세속적인 모든 것을 갖춘 싯다르타는 쾌락에 더더욱 무의미함을 느끼기 시작하였다. 그러던 중 아들 라훌라Rāhula가 태어났다. 아들이 태어나자 싯다르타는 존재의 의미에 더욱 깊은 의문을 품었다. 마침내 싯다르타

는 그 '물음'을 찾기 위하여 왕궁을 떠날 마음을 갖게 되었다. 불교를 '물음의 종교'로 규정하는 이유는 이러한 싯다르타의 유년 시절의 배경이 스며 있어서다.

이렇게 왕자 생활을 하던 29세쯤 싯다르타는 궁전 밖에서 늙은 사람의 고통, 병든 사람의 고통, 죽은 사람, 고행하며 수행하는 사람(이른바 사문유관四門遊觀)을 목격하며 삶의 본질에 대하여 더욱 깊은 고민에 사로잡히게 된다. 천성적으로 질문과 사색이 많았던 왕자로서는 성장하면서 존재에 대한 고뇌 외에 이러한 국가와 백성들의 삶에 대한 현실적 문제의식과 고뇌를 크게 가질 수밖에 없었다. 삶이 고통으로 가득 차 있는 현실을 바라보면서 왕자는 이를 해결하는 방법을 찾기 위해 출가를 결심한다. 어느 날 밤, 싯다르타는 축제에 취하여 웃고 떠드는 모든 모습이 아주 낯설고 기괴하게 느껴지면서 떠나고자 하는 마음에 사로잡혔다.

4. 구도의 길

1) 와크와의 만남

삶과 죽음에 대한 본질적 물음을 안고 고타마 싯다르타는 카필라성을 떠나 구도求道의 길을 나섰다. 북부 여러 나라들의 국경을 넘나들며 마음속의 물음을 풀기 위해 스승을 찾아가서 묻

고, 사색하고, 홀로 명상에 잠기는 고행苦行의 길을 선택하였다.

싯다르타는 마부 찬다카와 함께 성을 떠나 밤새 140여 킬로미터를 달렸다. 코살라국과 마가다국을 떠나 밧지국 뱌이샬리 북부에 있는 아누푸리야의 숲속으로 들어갔다. 싯다르타가 예전에 한 번 지나갔던 숲이었지만 이날 밤만은 무척 다르게 느껴졌다.

숲속에서 밤을 지새운 이튿날 아침 싯다르타는 마부 찬다카를 성으로 돌려보냈다. 그리고 '와크Vāk'라는 선인仙人이 운영하는 수행장修行場을 찾았다('와크'라는 말은 리그베다Rigveda 등에 나타나는데, '소리', '지혜', '신성한 본질', '우주 창조 능력자' 등을 뜻하고 있다). '깨달음'을 위하여 여러 나라들로부터 많은 사람들이 몰려와 그곳은 무척 북적거렸다. 숱한 사람들이 깨달음과 마음의 평화를 얻기 위하여 활활 타오르는 불 옆에서 몸이 탈 정도로 그을리거나, 뾰족한 가시 위에서 뒹굴며 피를 흘리면서 스스로 몸을 괴롭히고 있었다. 싯다르타는 성에서 환락을 즐기는 사람들과는 전혀 다른 괴상한 그 모습들을 보면서 의혹을 품었다. "고행과 마음의 평화? 괴로움을 없애야 한다면서 왜 몸을 괴롭혀야 한단 말인가?" 와크는 말했다. "내세에 평화로운 나라에 태어나기 위해 이처럼 지금의 육체 고행을 하는 것이요. 자네는 육체의 고행이 겁나는가?" 싯다르타는 이 참혹한 고행의 모습을 짙은 의혹을 두고 보며 사흘을 머물다가 그곳을 떠났다.

2) 알라라 칼라마의 무소유처

싯다르타는 다시 북인도 지역(네팔 주변)에서 명상과 수행으로 유명했던 알라라 칼라마Ālāra Kālāma를 찾아갔다. 알라라 칼라마는 자신의 가르침 대로 수행을 하면 높은 정신적 경지에 도달할 수 있다고 했다. 알라라 칼라마는 무소유처無所有處, Ākiñcaññāyatana를 말했다. 무소유처란 마음이 모든 대상으로부터 완전히 벗어난 상태를 말한다. 물질과 정신적 집착을 떨쳐버린 경지다. '아무것도 없는 상태' 속에 몰입함으로써 유한한 물질의 세계를 초월한 경지이다. 감각적 경험과 물질적 세상으로부터 벗어나 존재의 깊은 평화를 경험하는 단계다.

싯다르타는 이 깨달음의 경지에 들기 위해 그의 제자가 되어 수행을 시작했다. 그리고 마침내 명상법을 통한 무소유처의 경지에 도달하였다. 감각의 세계를 초월하고, 마음이 평온해지며, 물질과 정신적 집착을 버리는 경지에 들었다. 싯다르타는 깊은 내적 고요함과 초월적 경지를 신비하게 체험하고 맛보았다.

하지만 싯다르타는 곧 깊은 실망에 빠졌다. 명상을 통하여 비록 무소유처에 들기는 하였지만 그 상태는 진정한 깨달음이 아니었다. 비록 무소유처가 개인적 고요함을 주는 깊은 명상의 경지이기는 하였지만 그것이 곧 고통苦을 완전히 없애버리거나 윤회輪廻의 고리에서 벗어나는 길은 아니라는 것을 깨달았다, 사람은 무소유처에 도달할 수 있지만 여전히 윤회의 굴레에서 벗어날 수 없다는 것을 알게 되었다.

알라라 칼라마는 싯다르타가 무소유처에 들어가자 자신과 같은 수준의 깨달음을 얻었다고 생각하고 그를 공동 지도자로 인정하며 같이 명상처를 운영하자고 하였다. 하지만 싯다르타는 이 제안을 거절하였다.

싯다르타는 무소유처가 깨달음의 최종 단계가 아님을 확신하고 새로운 수행법을 찾기로 하였다. 그는 더 깊은 깨달음을 얻고자 새로운 스승을 찾아 떠났다.

3) 우다카 라마푸타의 명상

고타마 싯다르타는 갠지스강이 있는 비하르Bihar로 우다카 라마푸타Uddaka Rāmaputta를 찾아갔다. 우다카 라마푸타는 당시 명상과 고행에 관한 가르침으로 널리 알려진 명상의 스승이었다. 우다카 라마푸타는 깊은 명상 상태인 '명상에 의한 깨달음'의 경지를 말하였다. 싯다르타는 그의 제자가 되었다. 싯다르타는 명상의 더 높은 경지인 '비상비비상처非想非非想處'에 도달하는 가르침을 배우고, 이를 통해 정신적 평온과 초월적 상태에 도달하려고 노력하였다. 마침내 싯다르타는 우다카가 가르친 명상의 방법에 따라 '고요함'이나 '평온'에 이르렀다. 하지만 그것뿐이었다. 우다카 라마푸타가 제시하는 방법은 '완전한 해탈'로 이어지지 않았다. 싯다르타는 우다카 라마푸타의 가르침에서 완전한 해탈에 이르는 방법을 찾을 수 없다고 느꼈다. 근본적 고통으로부터 해탈을 가져오지 못한다고 느꼈다. 우다카 라마푸타의 가르침에서 완전한 깨달음과 해탈에 대한 더 깊은 이해와 진정한 자유를 얻을 수 없다고 인식하였다. 싯다르타는 더 이상 고행이나 명상만으로는 근본적인 고통의 문제를 해결할 수 없다고 생각하였다. 싯다르타는 한계를 느꼈고, 결국 그를 떠났다.

• • •

4) 고행자들과 함께 한 극단적 고행 수행

싯다르타는 인도 동부의 우루벨라 지역으로 갔다. 우루벨라는 지금의 인도 비하르주의 보드가야Bodh Gaya 부근으로 자연환경이 풍성하고 고요하여 명상과 수행을 하기에 적합하였다. 그렇기에 그곳에는 많은 사람들이 몰려와 저마다 여러 방법으로 수행하고 있었다.

싯다르타도 깨달음에 대한 강렬한 열망으로 격렬하고 절절하게 고행과 수행을 시작하였다. 이런 극단적인 고행 수행을 6년 동안 계속하였다. 이때 다섯 명의 사람이 싯다르타와 함께 극단적 고행과 수행을 같이 하였다. 아즈냐타 카운디냐Ajñāta Kauṇḍinya, 바드라Bhadra, 마하나마Mahanama, 바슈파Vashpa, 아스바카르나Asvakarna가 그들이다.

싯다르타는 이들 다섯 명과 함께 다음과 같은 극단적 고행을 감행하며 육체적 고통을 통한 깨달음을 추구하였다.

첫째, 극단적인 단식斷食을 하였다. 무엇 때문에, 왜 극단적 단식을 수행하였는지 그 배경에 대한 설은 여러 갈래다. 다만 사람의 몸과 생명이 먹는 것에 달려 있기에 이로부터 초월하고자 하는 근본적 열망이 아니겠는가 한다. 전설의 기록에 따르면 싯다르타는 하루에 쌀 한 톨이나 참깨 몇 알로 연명하며 수행에 정진하였다고 한다. 전혀 먹지 않거나 또는 지극히 적은 음식을 섭취하는 고행을 감내하였다고 한다. 결과적으로 몸은 극도로 쇠약해지고 가죽만 남을 정도로 수척해졌다.

둘째, 숨을 쉬지 않거나 억제하는 고행을 실시하였다. 숨을 의도적으로 멈추거나 극도로 느리게 하는 행공行功을 함으로써 정신적 통제를 시도했다. 사람은 음식을 먹지 않으면 두 달 정도 견디고, 물을 마시지 않으면 일주일 정도 견딜 수 있지만, 숨을 쉬지 않으면 6분 정도 지나 신체의 기능이 마비되고 10분이 지나면 죽는 것이 일반적이다. 그런데 싯다르타는 숨을 쉬지 않거나 억제하는 고행을 계속하며 극도의 고통과 어지럼증, 의식이 혼미한 상태에 빠지기도 했다.

셋째, 신체적인 고행을 하였다. 몸을 괴롭히고 고통스럽게 하여 깨달음에 이르는 수행이었다. 예컨대 불편한 자세로 오랫동안 앉아 있거나, 뾰족한 장소에 몸을 두는 등의 고통스러운 자세를 취하는 방식이다. 또는 극도로 뜨거운 햇볕 아래에서 견디거나, 극한의 추운 기온에 몸을 내던져 어떤 깨달음에 이르고자 하였다.

싯다르타는 이런 극단적인 고행을 6년간이나 계속하였다. 하지만 자신의 몸이 뼈와 가죽만 남을 정도로 쇠약해지고, 더 이상 수행을 계속하지 못할 정도로 몸이 망가지는 것만 경험하였다. 결국 이런 고행을 통해서는 내면의 평화나 깨달음에 이르지 못한다는 것을 알게 되었다. 싯다르타는 극단적인 고행이 깨달음에 도달하는 길이 아님을 자각하고 이러한 수행 방식을 버렸다.

결과적으로 쾌락이 깨달음에 아무 도움이 되지 못하고, 고통의 방식을 기본으로 하는 육체의 고행도 아무런 도움이 되

지 못한다는 것을 알게 되자, 싯다르타는 이런 방식들을 모두
버렸다.

5. 고행 중단과 고행 동료들의 비난

싯다르타는 극단적인 쾌락과 극단적인 고행이 결코 깨달음에 다다를 수 없다는 사실을 체험하고 또다시 새로운 길을 찾기 시작하였다. 싯다르타는 고행을 포기하였다. 근처에 있는 나이란자라Neranjara 강변으로 가서 몸을 씻었다. 하지만 그동안 극심한 고행으로 인하여 강에서 나올 힘조차 없었다. 곁에 있는 나뭇가지를 잡고 겨우 올라왔다. 그리고 건강을 회복하기 위해 음식을 먹기 시작했다. 우루벨라에서 수자타Sujata라는 소녀가 주는 우유죽을 먹고 체력을 되찾아 갔다.

싯다르타가 고행을 멈추자 함께 고행을 수행하였던 이들이 비난하기 시작했다. 왜냐하면 당시 인도에서는 고행과 금욕이 깨달음에 이르는 정통적인 수행 방식이라고 신앙처럼 믿고 있었다. 브라만교와 여러 전통적인 수행에서는 극단적인 고행 방식을 정신적 깨달음으로 가는 필수 과정으로 믿어마지않고 그렇게 행하고 있었기 때문이었다. 그래서 이를 버린다는 것은 곧 정통正統을 버리는 것이고, 진리를 찾는 노력을 중단한다는 뜻이었다. 고행을 중단하는 행동은 곧 이단異端의 길로 가는 것이었기에 동행하는 이들이 싯다르타를 비난하는 일은 당시의 풍조로서는 당연한 반응으로 이해된다. 또 이들은 싯다르타가 고행을 멈추고 음식을 섭취하며 건강을 회복하는 모습을 보고,

싯다르타가 "육체적 욕망에 굴복했다."라며 비난했다. 이들은
싯다르타가 더 이상 수행자 자격이 없다고 판단하며 그를 멀
리했다. 비난을 주도한 사람들은 '다섯 비구伍比丘'였다. 이들은
모두 싯다르타가 출가 후 함께 수행했던 동료들이었다. 아슈바
지트Ajñāta Kauṇḍinya, 아녹루다, 바사바Vashpa, 마하나마Mahānāma,
바드리야Bhaddiya, 아슈지Assaji가 그들이었다. 모두 싯다르타를
비난하며 멀리하였다.

6. 싯다르타의 새로운 도전

싯다르타는 이들의 비난에도 불구하고 전통으로 전하여 내려오던 정통방식의 고행을 과감하게 끊었다. 쾌락의 방식도 고통 수행의 방식도 모두 극단에 치우치며 어느 것도 깨달음에 이르는 길이 아니었음을 알았기 때문이다.

싯다르타는 깨달음을 얻기 전에는 결코 일어서지 않으리라는 굳은 결심을 하고 부근에 있는 피팔라수 나무(보리수) 아래에 앉았다. 보리수 아래에 앉아 깊은 명상에 들었다. 그러나 이내 곧 마계의 온갖 시험과 유혹이 명상에 잠긴 싯다르타를 괴롭혔다. 하지만 싯다르타는 이 모든 과정을 견디며 다 이겨내었다. 7일간의 수행 중, 새벽녘에 문득 다가오는 깨달음을 보았다. 생사윤회의 본질과 모든 고통의 원인을 깊은 사유思惟로 깨치고, 고통에서 벗어나는 길을 발견했다. 그것이 바로 연기법緣起法이었다.

연기를 통하여 마침내 싯다르타는 보드가야Bodh Gaya에서 흔들림 없는 깨달음正覺, Bodhi을 이루었다. 그리하여 구도자 싯

다르타는 부처Buddha가 되었다. 35세 무렵이었다.

보드가야는 고대 마가다Magadha 왕국에 속했으며, 오늘날에는 인도 비하르Bihar주의 가야Gaya 지역에 있다. 보드가야의 상징적 장소들로서 마하보디 사원Mahabodhi Temple, 보리수Bodhi Tree, 다이아몬드 좌대Vajrasana를 들 수 있다. 마하보디 사원은 부처가 깨달음을 얻은 장소에 세워진 사원이다. 현재 유네스코 세계문화유산으로 지정되어 사원 주변은 불교도의 성지 순례와 명상의 중심지가 되었다.

깨달음을 얻은 피팔라수 나무는 이후 '보리수'로 불렸다. 부처가 깨달음을 얻었던 원래의 보리수는 없어졌으나, 나무가 있던 장소는 지금까지 신성시되고 있다. 오늘날에는 후손 나무가 같은 자리에 심어져 있으며, 그 명성을 이어받은 보리수나무는 지금 세계적으로 유명한 불교의 상징이 되었다.

다이아몬드 좌대는 부처가 명상하며 깨달음을 얻은 자리다. 마하보디 사원의 주요 부분 중 하나다.

• • •

7. 깨달음과 49일의 망설임

전설로 내려오는 이야기를 담은 경전에 의하면 싯다르타는 깨달음을 얻은 후 바로 설법을 펼치지 않았다. 싯다르타는 49일간 침묵의 시간을 가졌다. 싯다르타는 자신이 깨달은 진리가 너무 심오하여 일반인들이 이해하기가 어려울 것이라 염려하였다. 그래서 이 위대한 법을 대중에게 펼치는 것을 심히 주저하였다.

마왕의 세 딸 탄하(갈애), 아라티(혐오), 라가(탐욕)가 애욕의 고삐로 석가모니를 유혹하려 했던 사건도 이 기간에 일어난 일이다. 악마도 나타나서 사람들에게 진리를 설법하지 말고 그대로 입멸할 것을 권유하였다.

이때 중생들에게 구원의 기회가 영원히 없어질 것을 염려한 브라흐마 신이 나타나 깨달은 진리를 설법하라고 청원하였다.

8. 전법의 시작

싯다르타는 자신의 깨달음을 전하기 위해 망설임을 떨쳐버리고 일어나, 자신을 비난하며 멀리하였던 다섯 명의 수행자에게 사르나트Sarnath에서 초전법륜初轉法輪 설법을 시작했다.

싯다르타를 비난하였던 다섯 비구도 부처의 첫 가르침(첫 설법, 초전법륜)을 듣고 감화를 얻어 모두 그의 제자가 되었다. 이들이 부처의 초기 가르침을 가장 먼저 받은 사람들이며, 불교 교단의 시초가 되었다. 그리고 불교 전파에 대단히 중요한 역할을 했다.

　·
　·
　·

　아슈바지트는 그들 집단의 지도자 격이었는데 석가모니 부처의 첫 제자가 되었다. 바사바는 고행 중 싯다르타를 가장 신뢰하였다. 마하나마는 부처의 초기 제자 중에서 중요한 역할을 맡았다. 바드리야는 수행에 매우 열중하였다. 아슈지트는 나중에 싯다르타의 가르침을 가장 열정적으로 전파하였다.

　싯다르타를 비난하였던 이들은 모두 감화를 받아 부처의 제자가 되고, 부처의 가르침을 적극적으로 실천하면서 혼신의 힘을 다해 평생 전파하였다. 그들의 열성적 활동이 씨앗이 되어 오늘날과 같은 불교의 기틀이 초기에 마련되었다. 이들은 인도 전역을 여행하며 가르침을 전파하고, 불교 공동체僧伽, Samgha를 만들어 나갔다.

Ⅱ

부처의 설법

1. 첫 설법, 초전법륜의 내용

힌두교, 자이나교의 중요한 종교적 중심지인 바라나시 Varanasi(고대의 Kāśī)에서 약 10km 떨어진 사르나트Sarnath의 녹야원鹿野苑, Mṛgadāya Vana에서 부처가 다섯 고행자에게 행한 첫 설법은 사성제四聖諦와 팔정도八正道였다.

1) 사성제

사성제四聖諦, The Four Noble Truths라는 말은 '네 가지 성스러운 진리'라는 뜻이다. 이른바 고집멸도苦集滅道를 말한다. 고통의 원인을 밝히고 그 해결 방안을 말하고 있다. 살아가면서 깨달음을 통하여 이해하고 실천해야 할 내용을 담은 가르침이다.

(1) 고제苦諦, Dukkha - 고통의 진리에 대한 인식

사람의 삶에는 반드시 고통이 일어나 따르게 된다. 고통 없는 인생이란 없다. 태어남生, 늙음老, 병듦病, 죽음死 자체가 모두 고통이다. 사랑하는 사람과 헤어지는 것, 싫어하는 사람과 함께 있는 것, 원하는 것을 얻지 못하는 것, 이런 것 역시 인생의 고통이다. 사람이 태어나 살아가면서 겪게 되는 모든 것이 고통이다. 삶과 존재 자체가 일정한 틀이 없으며(無常), 무상하게 변해가는 모든 과정 안에서 고통은 저절로 일어난다. 깨어 있는 사람은 살아가면서 어쩔 수 없이 필연적으로 마주치게 되는 고통을 올바로 직시하면서, 고통의 본질을 바로 보는 것이 고제苦諦의 핵심이다.

(2) 집제集諦, Samudaya - 고통의 원인에 대한 인식

사람에게 있어서 고통의 원인은 집착탐욕, Greed과 갈망渴望, Craving이다. 원하는 것에 집착하는 탐貪, 싫어하는 것을 피하려는 진瞋, 무지와 어리석음을 말하는 치癡, 이 삼독三毒은 인간을 끝없이 괴롭히며 이것이 또 다른 윤회輪廻의 원인이 되기도 한다.

① 탐욕

탐욕貪慾, Greed/Attachment은 무엇인가를 강렬히 원하고 집착하는 마음이다. 재물을 소유하려는 것, 권력과 세력을 확보하려는 것, 육체적 쾌락에 탐닉하는 것, 다른 사람들의 존경과 사랑을 탐하는 것, 명예나 명성을 끝없이 욕망하는 것이 해당한다. 이런 것을 획득하려고 집착하거나, 얻은 것을 잃지 않을까 두려워하고 불안에 떠는 것도 해당한다. 또 이미 얻었으면서도 더 많이 얻으려고 하는 것도 여기에 해당한다.

탐욕은 끊임없는 갈망을 만들어 내면서 사람을 괴롭힌다. 목숨이 붙어있는 한 결코 만족시킬 수 없는 욕망으로 인하여 끝없이 고통과 번뇌를 불러일으켜 그 속으로 스며든다. 이것 또한 삶과 죽음의 끊임없는 순환을 일으키면서 윤회의 원인이 된다.

탐욕을 극복하기 위한 방편으로 '무탐無貪'과 '보시布施'를 강조한다. 무탐이란 집착을 내려놓고 욕망을 줄이는 마음가짐을 갖도록 쉼 없이 노력하는 것을 말한다. 보시란 나누고 베푸는 행위를 통하여 스스로 탐욕을 줄여 나감으로써 더불어 살아가는 공동체의 행복을 만들어 가는 것이다.

●
●
●

② 진

진노瞋怒, Anger/Hatred는 싫어하거나 미워하는 대상이나 사람에 대한 적대감, 분노, 증오를 말한다. 자기 마음의 고통과 몸의 불쾌를 피하려는 부정적 감정이다. 즉 어떤 사람이나 상황을 혐오하고 증오하며 적개심을 갖는다든지, 인간관계를 파괴하고 자신도 파멸에 이르는 성향을 보인다든지, 만사를 자기중심적 관점에서 판단하고 결정하여 자기 자신과 다른 이들을 곤경에 빠뜨리는 것 등을 들 수 있다.

진노에 사로잡히면 마음이 어두워지고, 올바른 판단을 하지 못한다. 다른 이들과의 관계 속에서도 자비와 평온을 잃게 되며, 고통을 증가시킨다.

이를 이겨내기 위해서 분노를 줄이고, 자비와 용서를 실천하는 마음을 갖도록 애쓰며, 모든 생명체에 대한 사랑과 연민의 정을 키워야 한다. 또한 분노를 누그러뜨리는 훈련을 게을리하지 말아야 하며, 명상을 통하여 마음을 차분히 가라앉히고 울화통이 치미는 격정激情을 차분히 다스려 나가는 훈련을 멈추지 말아야 한다.

③ 치

'어리석음癡, Ignorance/Delusion'이란 진리를 알지 못하고, 잘못된 생각과 무지에서 비롯되는 마음 상태를 뜻한다. 무명無明이라고도 하며, 사물과 삶의 본질을 제대로 이해하지 못하는 어리석은 상태를 가리킨다. 근본 진리를 깨닫지 못하여 모든 것이 변한다는 것과 고통의 원인을 인식하지 못한다. 자신이 영원히 존재할 것으로 믿는 자아 집착의 관념에 사로잡힌다. 무지는 탐욕과 분노를 부채질한다. 진리를 보지 못하여 고통과 번뇌에서 벗어날 수 없다.

이런 어리석음을 극복하기 위해서는 지혜般若, 반야를 통하여 어리석음을 씻어내는 노력을 게을리하지 말아야 하며, 진리를 통찰하여 무명을 극복하려는 노력을 쉬지 않아야 한다. 늘 올바른 가르침을 배우고 익히며, 명상을 통하여 사물을 바르고 분명하게 바라보는 훈련을 계속해야 한다.

:
:
:

(3) 멸제 - 고통의 소멸에 대한 자각

멸제滅諦, Nirodha는 '고苦를 멸하는 상태' 또는 '괴로움이 소멸된 평화로운 상태'를 뜻한다. 이를 열반涅槃, Nibbāna, Nirvāṇa이라고도 말하며, 번뇌와 집착으로부터 완전히 해탈한 경지를 지칭한다.

멸제란 고통苦, Dukkha의 원인인 집착(집제, Samudaya)을 제거함으로써 고통을 빈틈없이 소멸시킨 경지를 말한다. 더 이상 윤회의 사슬에 얽매이지 않으며, 마음이 완전히 평화와 자유에 일치된 상태를 의미한다.

'멸제'라는 단어는 '멈춤', '종식' 또는 '소멸'을 뜻한다. 탐욕Rāga, 성냄Dosa, 무지Moha 같은 번뇌의 소멸을 가리킨다. 이는 단순히 고통을 일시적으로 멈추는 것이 아니라, 고통의 근본 원인을 제거하여 궁극적으로 괴로움의 반복을 끝내는 것을 목표로 한다.

멸제는 특정한 경험이나 현상이라기보다는, '조건이 없는 상태無爲, Asankhata'로 설명할 수 있다. 이는 조건적 존재 Saṅkhāra, 즉 형성된 모든 것을 초월한 상태로, 조건의 지배를 받지 않는 자유로움을 나타낸다.

탐욕, 성냄, 무지라는 세 가지 근본 번뇌가 소멸함으로써 마음은 청정해지고 자비와 지혜가 충만해진다. 윤회의 괴로움에서 벗어나 생로병사의 반복이 끝난다. 열반의 상태는 평화롭고 안정되어 완전한 고요寂靜, Śānti와 진정한 행복Sukha에 이르게 되는 것이다.

멸제는 곧 열반과 같다. 열반은 '모든 번뇌와 고통이 사라진 상태'로 설명된다. 존재는 완전한 해탈을 이룬다. 초기 불교에서는 두 가지 관점으로 열반을 설명한다. 육신은 남아 있지만, 마음이 번뇌에서 해탈한 유여열반有餘涅槃과 육신과 함께 남아 있던 모든 잔여 조건이 소멸하여 완전히 열반 상태에 든 무여열반無餘涅槃이 그것이다.

멸제를 통하여 사람은 번뇌의 속박에서 벗어나 자유로운 삶을 살고, 윤회의 고통을 끝내고 진정한 평화를 누린다. 나아가 이타행利他行을 통해 사람이나 다른 존재들에게 자비를 실천하는 경지에 도달한다.

(4) 도제 – 고통 소멸을 위한 수행 방법에 대한 인식

　도제道諦, Magga란 '고통을 소멸시키는 수행의 길'을 의미한
다. 멸제滅諦, Nirodha에 다다르기 위한 실천론이다. 일반적으로
'팔정도八正道, Ariya Atthangika Magga'를 말한다. 정견正見, 정사유
正思惟, 정어正語, 정업正業, 정명正命, 정정진正精進, 정념正念, 정
정正定이 그것이다. 이 팔정도는 단지 그저 분별하여 알게 하
는 수사修辭 명명明名이 아니라 핵심적 실천 체계로서 모든 수

행의 지침이다. 단순한 철학적 이론이 아니라 삶에 구체적으로 적용할 수 있는 윤리적, 정신적 훈련 체계다. 이 수행법은 마음의 정화를 통해 번뇌를 점진적으로 소멸시키고, 궁극적으로 멸제를 실현한다. 그렇기에 팔정도는 올바른 삶의 길이다.

도제는 단계적 수행으로 이어진다. 초보 수행자는 계율Sīla부터 시작하여 마음을 정화한 뒤, 집중Samādhi을 통해 마음을 안정시키고, 지혜Paññā의 안목을 넓혀서 궁극적으로 열반에 도달하도록 한다. 또 도제는 세속적인 삶 속에서도 적용할 수 있으며, 완전한 해탈(출세간)로 나아가는 길을 제공한다.

이 모든 과정에 중도中道의 원리를 적용한다. 지나친 쾌락이나 극단적인 고행을 피하고, 균형 잡힌 길(중도)을 실천하도록 한다.

법구경法句經, Dhammapada에서는 팔정도를 '삶의 고통에서 벗어나는 길'로 설명하고, 대념처경大念處經, Mahā Satipaṭṭhāna Sutta에서는 사념처四念處 수행과 함께 도제를 상세히 말해준다.

이러한 사성제는 특정한 시대나 장소에 국한되지 않고, 모든 존재의 고통과 극복 방법을 설명하는 보편적인 원리로 간주된다.

. . .

2) 팔정도

팔정도는 올바로 행해야 할 여덟 가지 내용으로 구성되어 있
다. 아주 쉽고 평범한 듯 보이지만 실제로 행하기에는 녹록하지
않은 내용들이다. 마음먹기, 사유 방식, 말하기, 직업 등 일상에
서 행하여야 할 생활 태도, 삶의 자세, 바른길을 말한다.

팔정도는 세 가지 주요 범주로 나눌 수 있다. 지혜慧, Paññā의
범주, 계율戒, Sīla의 범주, 선정定, Samādhi의 범주가 그것이다.

(1) 지혜의 범주

지혜Paññā는 존재와 세상에 대한 올바른 이해와 통찰력을 가질 수 있도록 노력하는 것을 말한다.

① 정견正見, Sammā Diṭṭhi이란 올바른 견해를 갖는 것을 말한다. 사성제의 진리를 이해하고, 모든 것이 무상無常, Anicca, 고苦, Dukkha, 무아無我, Anattā임을 깨닫도록 노력하는 것을 말한다. 또한 업(카르마)과 업의 결과에 대한 이해를 올바르게 가지도록 실천하는 것을 말한다.

② 정사유正思惟, Sammā Saṅkappa는 올바르게 사유하는 것을 말한다. 항상 올바른 마음과 좋은 의도를 갖도록 실천하는 것을 뜻한다. 여기에 세 가지 올바른 방향이 있다. 첫째는 집착에서 벗어나는 생각 즉 출리出離 사유, 둘째는 자비로운 마음과 행동 즉 해치지 않고 폭력을 행사하지 않으려는 생각 즉 무해無害 사유, 셋째는 탐욕과 욕망에서 벗어나려는 생각 즉 무욕無欲 사유이다.

. . .

(2) 계율의 범주

계율Sīla은 올바른 행동과 도덕적 언행을 하는 것을 말한다.

① 정어正語, Sammā Vācā는 항상 올바른 말을 하는 것이다. 거짓
말, 험담, 욕설, 쓸데없는 말을 하지 않고 진실되고 유익한
말만 하도록 노력하는 것을 말한다.
② 정업正業, Sammā Kammanta은 올바르게 행동하는 것을 말한
다. 살생, 도둑질, 음행 등을 삼가고, 자비롭고 올바른 행동
을 실천하는 것이다.
③ 정명正命, Sammā Ājīva은 올바른 일로써 생계를 유지해 나가
는 것을 말한다. 비윤리적이거나 해를 끼치는 직업(예를 들어
살생, 사기, 도박 등)을 피하고, 정직하고 윤리적인 방식으로 생
계를 유지하는 것을 말한다.

(3) 바른 마음과 집중에 드는 선정

① 정정진正精進, Sammā Vāyāma은 올바르게 노력하는 것을 말한
다. 불선법不善法(나쁜 마음 상태)을 제거하고, 선법善法(좋은 마음
상태)을 증장增長시키기 위해 꾸준히 노력하는 것을 말한다.
여기에는 네 가지 단계가 있다.

첫째, 아직 일어나지 않은 악한 상황이 일어나지 않도록 방
지하는 단계.

둘째, 이미 일어난 악한 상황을 말끔히 없애는 단계.

셋째, 아직 일어나지 않았지만 착한 상황이 일어나도록 하
는 단계.

넷째, 이미 일어난 착한 상황을 더욱더 착하도록 강화하는
단계.

② 정념正念, Sammā Sati이란 마음을 올바르게 챙기고 유지하는
것을 말한다. 항상 깨어 있는 자세로 마음가짐을 해맑게 여
미고, 지금 여기서 벌어지는 실제 상황에 깨어 있는 마음으
로 주의를 기울이는 상태를 말한다. 여기에는 몸과 마음과
법의 상대적 관계에 대한 네 가지의 수행 영역이 있다.

첫째, 몸에 대하여 마음가짐을 여미는 신념처身念處.

둘째, 몸이 외부의 자극을 받아서 일어나는 느낌(감각)에 대
하여 마음가짐을 여미는 수념처受念處.

셋째, 까닭 없이 또는 이유 있게 일어나는 마음 상태에 대
하여 마음가짐을 여미는 심념처心念處.

넷째, 유·무형, 상대·절대적 법(현상과 진리)에 대하여 마음가짐을 여미는 법념처法念處.

③ 정정正定, Sammā Samādhi은 올바르게 집중하는 것을 말한다. 마음을 하나의 대상에 집중하여 고요하고 안정되게 유지하는 명상을 뜻한다. 명상의 네 가지 수행四禪定 단계는 다음과 같다.

첫째, 고요히 집중하여 탐욕과 악의가 사라지고 희열과 행복이 동반된 초선初禪.

둘째, 희열을 초월하여 평온해지는 이선二禪.

셋째, 행복마저 초월한 고요한 상태의 삼선三禪.

넷째, 완전한 평정과 맑음만 있는 사선四禪.

이 팔정도는 각각 독립적으로 분리된 개념이 아니라 한 덩어리로 연결된 유기적 관계다. 따라서 하나의 경지는 곧 전체로 연결되는 합일合一된 구조다.

• • •

2. 부처의 설법 행로

1) 설법 내용과 방식

싯다르타는 도를 깨달아 부처가 된 후 고통받는 수많은 중생을 향하여 설법의 발걸음을 내디뎠다. 설법의 발걸음은 주로 인도 북동부와 네팔 부근에서 이루어졌다.

당시 대다수의 많은 중생은 브라만의 신神들을 맹신하여 미혹된 삶에서 허우적거리고 있었다. 또한 세상의 계급적 조직구조에 얽매어 신체를 억압받고 고통받고 있었다. 중생들은 이런 자신들의 처지를 업의 결과라 생각하며 받아들이며 당연시하면서 고통을 가슴에 담고 괴롭게 살아가고 있었다.

부처는 이러한 중생들을 바라보며 아파하면서 이들의 마음을 달래고 위로하였다. 나아가 중생 스스로 부처가 될 수 있도록 여러 방편으로 설법을 펼쳐나갔다. 부처는 스스로 터득한 불교의 진리로 중생을 구제하기 위해 평생을 헌신하였다.

부처의 여러 설법에는 깊고 폭넓은 사상과 교리가 담겨 있으나 주요한 내용을 정리하면 다음과 같다.

첫째, 생명 사상이다. 부처는 생명의 존엄성과 존귀함을 선언하였다. 모든 존재 즉 생명과 무생명, 아직 발현되지 않는 무형의 것들도 모두 존귀하기에 이 모든 것들을 마음으로 존중

• • •

해야 한다는 사상을 선포하였다.

둘째, 불성편재佛性遍在 사상이다. 부처는 모든 중생이 겉으로는 어리석어 보이는 듯해도 그 내면에는 저마다 해맑은 불성佛性을 지니고 있다고 하는 '개유불성皆有佛性'을 선언하였다. 이 선언은 암흑 속에서 허우적거리며 살아가는 중생들에게 한없는 행복의 빛을 비춰주는 것이었다. 이는 또한 모든 인간은 동등하게 존엄하며, 모든 생명체는 저마다 존귀하다는 생명존중의 선언과 연결된다.

셋째, 맞춤형 교화 방식이다. 부처는 만나는 사람마다 다른 방식으로 설법하였다. 제각기 듣는 사람에게 알맞게 설법하였기에 부처의 설법을 듣는 자는 즉시 해탈하여 아라한阿羅漢의 경지에 이르곤 했다. 이는 부처의 교화 방식이 듣는 사람에게 적합한 맞춤형 설법이었기 때문이었다. 부처는 상대방의 처지를 살펴 그의 근기根機(종교적 자질이나 능력)에 따라 비유나 방편으로 법法을 설設하였다. 만나는 이들이 저마다 각자의 미혹에서 벗어나 스스로 본성을 밝혀나가게 하는 방식이었다. 현학적이고 난해하지 않고 알기 쉬운 비유로 교화하였다.

넷째, 남녀노소, 빈부, 신분에 차별을 두지 않고 평등하게 대하였다. 그중 가장 이례적인 부분은 여성의 출가에 관한 것이었다. 부처의 말씀 이전까지 인도에는 여성이 성직자가 된 예가 없었다. 공공연히 남녀평등을 외치는 오늘날에도 어떤 성직聖職의 경우 여성에게는 차별이 있는데 당시의 시대 분위기에서 여성의 출가를 허락한다는 것은 대단히 충격적이고 혁명적

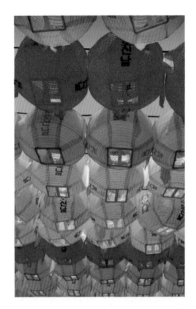

●
●
●

인 조처가 아닐 수 없었다. 여성 출가라는 점이 부처의 평등 사상을 확연하게 드러내는 뚜렷한 표징이었다. 또 한편 사회적 제도와 인습의 측면에서 여성 출가의 성격은 카스트제도로 인하여 계급적 의식이 고착되어 남녀 및 신분 차별이 확고하게 굳어진 인도의 사회제도를 정면으로 부정하는 것으로 사회 저항적 성격이 매우 강한 행동이었다. 이러한 제도적 저항은 기득권 세력의 비난은 물론 자칫 생명까지 위협받을 수 있는 위태로운 행동이었다. 당시의 카스트제도를 합리화시키는 논리는 우파니샤드에 나오는 윤회와 업業 사상을 들 수 있는데, 그것은 계급의 높고 낮음에 대한 인습적 해석이었다. 즉 전생에 공덕을 많이 쌓으면 높은 계급으로, 악행을 많이 쌓으면 천한 계급으로 태어난다는 것이다. 그러므로 남녀 및 신분 차별이라는 현실을 중생들은 당연히 감수해야 했다. 하지만 부처는 이러한 사회적 인식을 단호하게 거부하였다. 여성 출가 허용이라는 실천으로써 확실하게 이런 인습을 타파하려 하였다.

다섯째, '공空'과 '연기緣起' 사상이다. 공과 연기 사상은 부처의 독창적인 사상으로 이 사상에 입각하여 세상과 사회제도를 새롭게 해석하려 하였다.

하지만 공과 연기의 관점에서 세상을 잘못 이해하면 세상사 모든 것은 한낱 티끌과 거품뿐이기에 세상은 살만한 곳이 못 되는 고해苦海로 단정해 버릴 수 있다. 이 세상을 살만한 가치가 없는 덧없는 공간이라 확정하여 냉소주의에 빠질 수 있다. 이 사상은 자칫 다양한 오해와 곡해를 낳을 수도 있는 견해로

초월주의와 허무주의로 흐르게 되어 부지불식간에 엄중한 세상사를 헛된 것으로만 잘못 접근할 수 있다. 집착과 번뇌를 소멸시킬 수 있는 이 강력한 사상이 오히려 생생한 삶의 엄격성과 존엄성에 대한 곡해를 불러일으킬 수도 있기에 그 해석과 실천에 있어서 매우 조심하며 신중에 신중을 기해야 한다. 조선의 국가 제도와 신분 확립, 그리고 윤리적 이념을 확립하고자 하였던 정도전은 불교의 바로 이런 사상을 배격하면서 『불씨잡변佛氏雜辨』이라는 글을 남기기도 하였다.

부처는 바로 이 사상에 입각하여 여러 가지 번뇌와 허위의식, 그리고 인간을 억압하는 제도적 틀을 깨트려 나갔다. 당시 살가죽처럼 견고하게 붙어서 꿈틀거리는 카스트제도의 지배적인 논리를 혁파시켜 나갔다. 공과 연기 사상은 이처럼 강력한 혁명적 힘도 가지고 있었다.

이러한 막강한 힘을 가진 공과 연기 사상을 요약하면 다음과 같다.

부처는 삶을 고苦라고 전제하고 고통의 원인이 무엇인지를 깊이 고뇌하며 그 근본적인 씨앗, 즉 궁극적인 원인이 무엇인지를 밝혀내어 이를 치유하고자 하였다. 숱한 생각과 고뇌, 사색과 명상 끝에 마침내 부처는 하나의 결론에 다다랐다. 고통은 "근본적으로 추구하여 들어가면 아무 실체가 없는데, 확연하게 있는 불변의 것으로 착각하여 집착하는 데 있다."라는 사실을 깨달았다.

또한 "모든 현상은 고정불변이 아니고 인연因緣의 모임에 의해 잠시 나타났다가 그 인연이 다하면 소멸하는데, 소멸하지 않는다고 확정하여 믿으며 집착한다."라는 점을 깨달았다.

그리하여 "고정된 자기 실체는 없다無我."라는 깨달음이 바로 해탈解脫이며, 이때 비로소 고통에서 벗어나 즐거움의 세계로 들어간다離苦得樂고 하였다.

그리고 깨달음을 얻을 수 있는 주체는 마음자리로서 이를 불성佛性이라고 하였다. 이 불성으로 인하여 누구나 깨달으면 부처가 될 수 있다고 하였다. 바로 이 부분이 당시 억압적 계급 구조 속에서 신음하며 목숨줄을 연명하던 중생들에게 커다란 위안이 되었고 빛이 되었다. 또한 삶과 죽음의 번뇌 속에서 생사生死를 깨뜨리는 강력한 사상이 되었다.

바로 이것이 공과 연기 사상의 핵심이다.

2) 마가다국 라즈기르에서의 설법

부처의 초기 설법은 주로 마가다Magadha 왕국 지역에서 이루어졌다. 마가다는 고대 인도 북부의 중심지로서 불교 역사에서 중요한 자리를 차지하는 왕국이다. 이곳이 부처가 처음으로 설법을 펼치기 시작한 역사적 공간이다. 마가다의 수도는 라자그리하Rājagṛha(현재의 Rajgir)로서 불교 전파의 성지聖地라 할 수 있다. 라자그리하王舍城는 초기 불교 경전에 자주 등장한다.

부처가 처음으로 설법을 베푼 대상자는 주로 비구(수행자), 재가 신자, 일반 대중, 그리고 당시의 왕족과 귀족들이었다. 사실상 모든 계층의 사람들에게 불법을 전파하였다.

부처는 출가 비구와 수행자들에게는 더욱 심오한 가르침을 전달했다. 특히 고통의 원인과 해탈의 방법을 설파했다. 불교의 핵심 사상을 교육한 것이다.

　재가 신자와 일반 대중 즉 농민, 상인, 그리고 다양한 직업을 가진 중생에게는 저마다 그들 수준에 알맞게 비유와 사례로 설법하였다. 주로 평민들이 일상생활에서 마주치는 고통이나 일어나는 번뇌를 스스로 해소는 방법을 가르쳤다.

　왕이나 왕족, 귀족들에게는 덕과 정치의 윤리를 가르치며, 통치자로서 올바른 태도를 설파했다.

　마가다 지방에서 설법한 내용은 주로 사성제四聖諦, 팔정도八正道, 연기설緣起說, 중도中道, 자비慈悲와 윤리적 삶 등이었다.

　마가다 지방에서의 설법으로 인하여 불교의 초기 단계가 확립되었고, 사회 각 계층으로 퍼지기 시작하였다. 이 지역에서 부처의 가르침은 인간의 고통과 문제를 해결하기 위한 실질적인 방법으로서 널리 알려지고 전파되었다.

• • •

(1) 부처와 빔비사라왕

　당시 강력한 마가다 왕국의 왕은 빔비사라Bimbisara, 빙가사라
였는데 부처의 가르침을 따르면서 부처의 설법 환경을 탄탄하
게 구축한 후원자이기도 하였다.

　빔비사라왕은 기원전 6세기경 마가다 왕국의 통치자로서
마가다를 강력한 왕국으로 발전시킨 인물이다. 마가다 왕국의
수도는 라즈기르Rajgir, 왕사성였고, 라즈기르는 당시 마가다 왕
국의 정치, 경제, 문화적 중심지였다. 빔비사라왕이 마가다국
의 수도인 라즈기르에 거주하면서 통치했기 때문에 라즈기르
의 왕, 마가다의 왕, 빔비사라왕 등으로도 일컬어진다. 이름이
다르기에 서로 다른 사람으로 착각할 수 있으나, 실은 같은 사
람을 일컫는 다른 이름이다.

　빔비사라왕은 부처가 깨달음을 얻기 전에도 만났으며, 부처
가 출가한 후에도 깊은 관심을 보였다. 부처가 깨달음을 얻고
왕사성을 방문하자, 왕은 부처를 존경하며 그 가르침을 받아들
여 부처의 제자가 되었다. 왕은 부처와의 만남을 통해 도덕적
통치를 다짐하고, 부처에게 대규모 사원을 기부하여 초기 불교
공동체의 발전을 지원했다. 빔비사라왕은 부처가 설법할 수 있
는 안전한 환경을 제공하고, 불교가 널리 퍼지도록 지원했다.
또한 빔비사라왕은 영축산Griddhakuta Hill 근처의 땅을 부처와
제자들에게 기부하고, 초기 불교 공동체를 후원했다.

(2) 죽림정사

죽림정사竹林精舍, Venuvana-vihāra는 불교 최초의 사원으로 마
가다 왕국의 수도였던 라자그리하에 있다.

죽림정사는 가란타迦蘭陀 장자長者가 소유하고 있었기 때문
에 가란타죽림迦蘭陀竹林이라고도 한다. 대나무 정원으로 처음
에는 니건자尼犍子(자이나교)가 소유하고 있었으나, 장자가 불교
에 귀의하면서 이곳을 불교의 승원으로 바쳤다. 빔비사라왕이
부처를 초청하자 부처는 1,250여 명의 제자를 거느리고 갔다.
빔비사라왕이 그곳에 정사를 짓게 하였기에 정사의 이름은 자
연히 죽림정사가 되었다.

오늘날 죽림정사는 라자기르의 주요 불교 유적지 중 하나로
자리매김하여 수많은 불교 신자와 관광객이 찾는다. 현재 이
지역에는 작은 공원이 조성되었고, 인공 연못과 함께 방문객들
이 당시의 분위기를 느낄 수 있게 잘 관리되어 있다.

당唐의 승려 현장玄奘(602.4.6~664.3.7)은 『대당서역기』에서 죽
림정사에서 서남쪽으로 5~6리쯤 가면 남북쪽의 큰 대나무 숲
속에 커다란 석실이 있다고 기술하였다. 바로 이 석실이 그 유
명한 삿타파니七葉窟, Sattapanni 동굴이다. 이곳에서 석가모니
부처가 열반에 든 뒤 마하가섭摩訶迦葉 존자가 대아라한大阿羅漢
999명과 함께 삼장三藏을 결집했던 곳이라고 소개한다. 결집
結集, Samgiti이란 '합송' 또는 '모음'이란 뜻이며, 아난다阿難 존
자가 독송 선창하면 이의가 없을 경우, 합송하여 정설로 삼아

체계화하는 일종의 경전 편찬 회의를 말한다. 만약 이곳에서 경·율이 결집하지 않았다면 불교가 지금의 모습으로 존재할 수 있었겠는가 하는 의심이 들기도 한다. 그렇기에 이곳은 불교의 역사에서 대단히 중요한 장소다.

현장의 언급에 따르면 동굴 앞에는 마가다 왕국의 아자타샤트루Ajātaśatru왕이 경전 결집을 위해 모인 대아라한들에게 지어준 건물의 터도 남아 있었다고 한다.

(3) 영취산

영취산靈鷲山, Gridhakuta, Vulture Peak(또는 영축산)은 라자그리하 주변의 언덕에 있는 산이다. '영취산'이라는 이름은 산의 형상이 독수리가 날개를 펼친 모습과 닮았다고 해서 붙여진 이름이다.

『법화경』 제1품 서품序品, 제2품 방편품方便品, 제6품 수기품授記品, 제28품 보현보살권발품普賢菩薩勸發品에 부처가 영취산에서 설법하는 장면이 웅장하게 서술되었다. 또한 『반야심경』을 이곳 영취산에서 설법하였다고 한다.

그렇기에 오늘날에도 많은 순례자들이 방문하는 성지가 되었다. 영취산으로 가는 길에는 돌로 된 계단과 순례자들을 위한 안내 표지가 설치되어 있다.

• • •

3) 코살라 왕국 슈라바스티에서의 설법

(1) 슈라바스티 도시의 의미와 주요 설법 내용

슈라바스티舍衛城는 코살라Kosala 왕국의 수도다. 부처가 가장 오랜 기간 머물며 많은 설법을 했던 곳으로 불교에서는 의미 깊은 곳이다. 부처는 생애 대부분의 우안거雨安居, 우기 동안 머물며 수행하는 기간를 슈라바스티에서 보냈다. 그렇기에 부처의 생애에서 여러 가지 중요한 사건이 이곳에서 발생했다.

슈라바스티에서 부처는 다양한 대중에게 여러 가지 경전을 설법하였다.

① 자비와 연기의 가르침
부처는 슈라바스티에서 자비慈悲심과 연기緣起법에 대하여 여러 차례에 걸쳐 가르쳤다. 부처의 자비慈悲 사상은 불교 가르침의 핵심이다. 자비심은 모든 중생에게 행복을 주고 고통을 없애는 무조건적이고 무차별적인 사랑과 연민의 마음이다. 연기법은 "이것이 있으므로 저것이 있고, 이것이 생하므로 저것이 생한다."라는 사상이다. 이것 역시 불교 철학의 핵심 개념이다.

② 자비와 수행에 관한 설법

부처는 기원정사祇園精舍에서 자비심慈悲心, Mettā과 그것에 근거한 수행법을 가르쳤다. 사무량심四無量心, 자비심 명상Mettā Bhāvana 등이 그것이다.

또 자비경慈悲經, Mettā Sutta과 같은 설법을 통해 자비를 모든 중생에게 확장할 것을 강조하였다.

③ 『금강경』 설법

『금강반야경金剛般若經, Diamond Sutra』도 사실 여부를 떠나서 대승권의 반야부에서 설해진 경전 중 하나로 전해진다. 이 경전은 무상無常, 무아無我의 가르침과, 공空의 지혜를 통해 깨달음으로 가는 길을 말해준다.

④ 신통력과 가르침

부처가 슈라바스티에서 자신의 신통력을 여러 차례 보였다는 기록이 있다. 예를 들어, 대중 앞에서 신통력을 통해 설법을 강조하며 중생들에게 깨달음으로 가는 길을 보여주는 기록 등이 그것이다. 이러한 사건은 『장아함경長阿含經』 등 여러 경전에서도 언급되고 있다.

• • •

(2) 기원정사

기원정사祇園精舍, Jetavana는 슈라바스티의 남서쪽에 있다. 천축(인도) 5대 정사 중 하나다. 천축 5대 정사는 기원정사(슈라바스티), 죽림정사(라자그리하), 동원림(슈라바스티), 칠엽굴(라자그리하 근처 영축산), 보리수 정사(보드가야)를 말한다.

기원정사의 전체 이름은 기수급고독원정사祇樹給孤独園精舍, Jetavānānāthapi adasyārāma이다. 또 다른 이름으로 기다수급고독원祇多樹給孤獨園, 기수원祇樹園, 기원祇園, 급고독원給孤獨園 등으로 일컬어진다.

이 이름 외에도 한국어로 번역될 때는 산스크리트어의 의미를 그대로 풀어서 "사밧티의 제타 숲, 외로운 사람들에게 먹을 것을 나누어 주는 장자의 동산"으로 불리기도 한다. 기원정사는 기수급고독원의 원래 주인인 코살라국 파세나디왕의 '제타 태자의 숲'(기타림, 祇陀林, Jetavana)이라는 이름과 슈라바스티에 사는 수닷타須達多라는 이름의 부자가 "의지할 곳 없는 이에게 베풀다Anāthapiṇḍada"라는 명칭이 합쳐진 이름이다. 즉 기원정사는 부호 수닷타須達多, Sudatta(아나타핀디카)와 기타祇陀, Jeta 왕자가 부처와 승단을 위해 마련한 수행처다.

이곳에서 부처는 24회의 안거하였는데, 다른 어느 장소보다도 많은 시간을 보낸 곳이다. 기원정사에서 부처는 많은 경전을 설법하였고, 수많은 비구와 수행자를 출가시키고 교육하였으며, 왕족, 상인, 일반 대중에게도 가르침을 전파하였다.

(3) 동원림

동원림東園林, Pubbārāma은 코살라국 수도였던 사위성Sāvatthī 동쪽에 있다. 부처와 비구比丘, Bhikkhu들은 동원림에서도 오래 머물며 법문을 설하였다.

동림원은 당시 유명한 여성 신자인 미가라마타Migāramātā가 부처와 승가를 위해 기증한 곳이다. 미가라마타의 본명은 비스아카Visākhā이다. 비스아카는 부유한 가문 출신으로 신심이 뛰어난 부처의 중요한 여성 신자 중 한 명이었다. 며느리인 비스아카가 시아버지인 미가라에게 부처의 가르침을 전하여 시아버지도 불법에 귀의하였다. 미가라는 며느리인 비스아카를 두고 일컫기를 '나를 새롭게 태어나게 해 준 어머니'라고 하였다. '마타Mātā'는 산스크리트어 및 팔리어에서 '어머니'를 뜻한다. 그래서 미가라마타는 '미가라의 어머니'라는 뜻이다. 시아버지가 며느리를 어머니라고 일컫은 것이다. 시아버지가 이렇게 부른 것은 그만큼 부처의 가르침에 깊이 감화를 받았다는 상징적 의미라고 할 수 있다. 그래서 신분은 비록 시아버지와 며느리의 관계이지만, 불법을 전하여 주었다는 '믿음'의 차원에서는 '며느리의 전도 행동'이 마치 '어머니 같다'라는 뜻에서 미가라마타라 하였다.

미가라마타는 부처와 승가를 위해 동원림을 기부하여 수행자들이 안심하고 머물며 수행할 수 있도록 했다. 부처와 제자들이 동림원에서 설한 법문들은 다음과 같은 내용들이었다.

주로 불교 수행자들이 세속적인 집착과 논쟁을 피하고 자유롭고 평온한 상태에 이를 것을 권고하는 내용들이었다. 특히 「비구들을 위한 가르침」에서 수행자들이 어떻게 삶을 살아야 하는지, 수행과 깨달음의 과정은 어떠해야 하는지에 대한 법문이었다.

팔리어 경전 『숫따니빠따Sutta Nipāta』에 들어있는 「앗타카와가Atthakavagga」가 그 내용을 담고 있다. 앗타카와가는 주로 열반에 이르는 길, 무집착無執着, 논쟁을 피하는 태도, 자아自我에 대한 집착을 버리는 법을 다루었다.

① '논쟁과 다툼에서 벗어나라' - 의견이나 견해에 집착하면 고통이 따른다.

② '소유와 탐욕을 버려라' - 물질적 소유와 감각적 욕망에서 자유로워져야 한다.

③ '견해에 얽매이지 마라' - 자신의 생각이 옳다고 고집하는 태도를 버려야 한다.

④ '집착 없는 삶이 평화롭다' - 어떠한 대상에도 애착을 두지 않으면 해탈에 이를 수 있다.

이러한 것들을 실천하는 데 있어서 갖추어야 할 방법론과 인식은 여실지如實知, Yathābhūtañāṇadassana다. 여실지는 "있는 그대로의 지혜로 본다."라는 뜻이다. 부처는 세상을 있는 그대로 보는 것이 깨달음과 해탈의 핵심 요소라고 가르쳤다. 즉, 눈앞에 보이는 사물이나 세상사의 현상을 자신의 고정관념이나 욕망에 따라 왜곡해서 보지 말고, 있는 그대로 보라는 가르침

이다. 세부적으로 다음과 같은 내용을 가르쳤다.

첫째, 여실지와 무명無明, Avijjā에 대한 인식이다. 우리는 대상을 자기 생각대로 해석하고, 욕망이나 혐오감으로 인해 왜곡해서 본다. 이를 무명이라 하며, 무명이 있는 한 고통은 계속된다. 부처는 "모든 존재를 여실히 보면 괴로움에서 벗어날 수 있다."라고 설하였다.

둘째, 연기법과 여실지에 대한 가르침이다. 연기법을 여실히 알면如實知 집착에서 벗어나 열반에 이른다. 즉, "이것이 있음으로 저것이 있고, 이것이 사라짐으로 저것이 사라진다."라는 이치를 바로 알아야 한다는 가르침이다.

셋째, '고苦, Dukkha를 여실히 알라'는 충고다. 세상의 모든 존재는 괴로움(苦)을 안고 있다. 이 괴로움이 존재하는 까닭과 괴로움을 없애는 방법을 여실히 아는 것이 해탈의 길이다.

넷째, '자아我는 없다'라는 깨달음이다. 부처는 '나는 영원한 존재'라고 믿는 것은 착각無我, Anattā이며, 현상을 있는 그대로 보면 '영원한 나'라는 것이 본래 없다는 것을 알게 된다.

다섯째, '세간世間을 여실히 보라'는 부탁이다. 세상의 모든 법法은 무상無常, Anicca하고, 변하지 않는 본질은 없다. 오직 현재 순간을 여실히 보고 집착을 놓아야 한다.

가르침의 형식은 주로 게송偈頌의 형식이었다. 짧은 노랫말이나 시 형태로 소리를 맞추어 함께 읊조리거나, 노래를 부르는 형식으로 하였다.

• • •

4) 붓지국의 바이샬리에서의 설법

붓지국跋祇國은 고대 인도의 16대국Mahājanapada 중 하나로 말라족Malla, 리차비족離車族, Licchavi, 비데하족吠提國, Videha 등 여러 부족이 연합하여 다스리는 공화정 형태의 나라였다. 여러 부족의 연합체였으며, 그 중심 도시가 바이샬리毘舍離, 吠舍離, Vesāli였다. 바이샬리는 리고차비족의 중심 도시로, 당시 왕권 중심의 시대 분위기에서 합의제 형태의 공화정 정치 체제를 운영할 만큼 선진적인 나라였으며 마가다 왕국과 경쟁할 정도로 강한 도시 국가였다. 하지만 붓지국은 강대국 마가다국의 아자타삿투阿闍世王, Ajātasattu에 의해 결국 정복당하고 말았다. 부처가 그토록 강조한 '단결團結과 덕치德治'를 소홀히 한 것이 멸망의 원인으로 알려졌다.

어떻든 부처는 이곳을 여러 차례 방문하여 설법을 펼쳤다. 이곳은 특히 비구니 승단이 창설된 지역이다. 마하파자파티 고타미(붓다의 양어머니)의 출가가 허락된 역사적인 장소다. 또한, 부처가 입멸般涅槃 전 마지막 우안거雨安居를 보낸 곳이기도 하다.

바이샬리에서 부처의 설법과 마지막 행적을 요약하면 다음과 같다.

(1) 비구니 승단의 탄생과 마하파자파티 고타미의 출가

바이샬리에서 가장 중요한 사건 중 하나는 여성들의 출가가 허용된 것이다. 마하파자파티 고타미Mahāpajāpatī Gotamī는 부처의 이모이자 양어머니로, 출가를 원했으나 처음에는 부처가 이를 거절했다. 그러나 그녀는 500명의 여성과 함께 머리를 깎고 가사를 입고 바이샬리까지 걸어서 이동하며 다시 요청했다. 아난다Ānanda의 중재로, 부처는 여덟 가지 조건八敬法, Garudhamma을 따르는 전제로 비구니 승단을 허락했다. 이것이 불교 역사상 최초의 여성 출가比丘尼僧團였다.

(2) 바이샬리에서 전염병과 삼보의 힘

바이샬리에서는 붓다가 전염병(역병)이 창궐한 상황에서 설법한 일도 유명하다. 당시에는 기근, 전염병, 도적들의 습격 등으로 도시가 황폐해졌다. 이에 리코차비족Licchavī 장로들은 부처에게 도움을 요청했다. 부처는 바이샬리에 들어와 '삼보三寶(불·법·승)의 힘'을 강조하는 설법을 했다.

부처가 '보배경寶經, Ratana Sutta'을 설하자, 도시에서 역병이 사라지고 질병이 치유되어 사람들의 삶도 안정을 되찾았다고 한다. 보배경은 오늘날에도 불교 신자들이 재난과 역경을 극복하기 위해 암송하는 경전이다.

(3) "스스로 등불 삼아라"

붓다는 입멸涅槃, Parinibbāna 전 마지막 우안거를 바이샬리에서 보냈다. 이후 제자들과 함께 바이샬리에서 쿠시나가라로 떠나는 과정에서 다음과 같은 마지막 설법을 남겼다.

"아난다여, 스스로 등불 삼고, 법을 등불 삼아라."
自燈明 法燈明, Attadīpā viharatha, Dhammadīpā viharatha.

자신의 가르침에 의지하되, 외부의 힘이 아니라 스스로 수행하여 깨달음을 얻으라는 가르침이다. 이는 불교 수행의 핵심 원칙이다.

(4) 부처 열반의 예고

부처는 바이샬리를 떠나기 전 마지막으로 바이샬리를 바라보며 "나는 이제 다시는 이곳을 방문하지 않을 것이다."라고 말했다. 이것은 붓다가 입멸에 가까워졌음을 예고한 의미 깊은 장면이다. 이후 붓다는 북쪽으로 이동하여 쿠시나가라에서 열반에 들었다. 이처럼 바이샬리는 붓다의 가르침이 강력하게 전파된 곳이자, 불교 역사에서 중요한 순간들이 충격적인 모습으로 펼쳐진 성지다.

•
•
•

5) 쿠시나가르에서의 설법

쿠시나가르拘尸那羅, 拘夷那竭, Kusinārā는 말라족末羅族, Malla의 작은 도시국가였다. 말라족도 붓지국跋祇國의 구성 부족으로 연합 공화정 국의 하나였다. 당시 마가다국, 코살라국과 같은 강대국에 비해 말라족의 나라는 작은 나라였다. 나라는 작았지만 부처가 여러 번 방문하여 설법한 곳이다. 부처는 바이샬리를 마지막으로 방문한 후, 제자들과 함께 쿠시나가르로 이동하여 최후의 순간을 맞이했다.

쿠시나가르에서의 마지막 행적과 설법을 요약하면 다음과 같다.

(1) 마지막 출가 허용

붓다가 열반에 들기 직전, 수보다Subhadda라는 노승이 찾아와 출가를 간청했다. 아난다는 부처의 몸이 매우 쇠약해졌기에 그를 만나지 않도록 했다.

그러나 부처는 "그를 오게 하라."라고 했다. 부처는 수보다에게 팔정도八正道가 수행의 핵심이며, 다른 교법은 깨달음에 이르지 못한다고 설하였다. 수보다는 부처에게 귀의하여 출가를 허락받아 부처의 마지막 출가Upasampadā 제자가 되었다.

(2) 붓다의 마지막 가르침 – "모든 것은 무상하다"

부처는 제자들에게 마지막으로 가르침을 전하였다.

"비구들이여, 나는 이제 늙고 쇠약해졌다. 내 몸은 이미 오래된 수레처럼 위태롭다. 하지만 내가 마지막으로 너희에게 남길 것이 있으니, 그것을 명심하라."

그리고 마지막으로 설법하였다. 부처는 '진정한 믿음'을 강조하였다. 부처는 제자들에게 "다섯 가지 의심을 버리고, 법法과 계율戒律을 등불 삼아 나아가라."라고 하였다.

"스스로를 등불 삼고 법을 등불 삼아라自燈明 法燈明. 외부의 가르침에 흔들리지 말라. 다른 교리敎理에 흔들리지 말고, 팔정도를 수행하여 해탈하라."라고 하였다.

이것이 부처가 남긴 마지막 가르침法語, Dhamma-Vāca이었다.

"비구들이여, 이제 나는 너희에게 마지막으로 말하노라. 모든 것은 무상無常하다. 방일하지 말고 정진하라!Vayadhammā saṅkhārā, appamādena sampādetha!"

"모든 존재諸行, Saṅkhārā는 무상하니, 부지런히 수행하라."

부처의 마지막 말씀涅槃經, Mahāparinibbāna Sutta이었다.

●
●
●

(3) 부처의 열반

부처는 여든이 되자 몸이 많이 쇠약해졌다. 부처와 제자들
은 쿠시나가르拘尸那羅, Kusinārā로 가는 도중에 춘다淳陀, Chunda
라는 대장장이의 초대를 받아 그의 집으로 들어갔다. 춘다는
부처와 제자들에게 수카라맛사豬柔軟食, Śūkara-Maddava라는 음
식을 공양하였다. 이 음식이 무엇이었나에 대해 학자들의 논란
이 많다. 수카라Śūkara는 산스크리트어로 돼지를 의미하고, 맛
사Maddava는 '부드러운', '연한'이라는 뜻이다. 이 음식 이름에
근거하여 춘다가 공양한 음식에 대한 추측이 분분하다. 부드러
운 돼지고기柔軟肉 요리, 야생 버섯요리, 대나무 순竹筍 요리, 돼
지들이 코로 땅을 파서 먹는 버섯(Truffle) 요리라고 말하는 사람
이 있는가 하면, 일부 불교 전통에서는 부처가 채식을 했다고
믿으며 육고기가 아닌 연하고 부드러운 채소 요리라고 주장하

는 사람도 있다. 어떻든 음식을 먹은 이후 부처는 심한 복통을 겪으며 설사를 하였다. 이로 인하여 병이 더욱 위중해졌다.

부처는 마지막을 맞이하기 위해 구시나가르 근교의 사라수沙羅樹 숲을 향했다. 부처는 아난다에게 두 그루의 사라수 사이에 누울 자리를 준비시킨 후 자리에 누웠다. 부처는 열반에 들기 전에 아난다에게 다음과 같이 말씀했다. "춘다는 잘못이 없다. 춘다는 큰 공덕을 지었다. 이 공양은 과거 모든 공양 중 가장 중요한 공양이다." 부처는 단식 후 첫 번째 공양(수자타의 유미죽)과 입멸 전 마지막 공양(춘다의 음식)이 가장 중요한 공양이라고 하였다.

부처는 쿠시나가르의 사라수 숲에서 오른쪽으로 누운 자세獅子臥(사자와 같은 자세)로 조용히 열반涅槃, Parinibbāna에 들었다.

제자들은 마지막 순간을 함께하며 그의 가르침을 되새겼다. 하늘에서는 신들과 범천들이 꽃비를 내리며, 붓다의 열반을 애도했다.

(4) 붓다 열반 후의 의례

부처가 입멸한 7일 후, 말라족은 화장하기 위해 붓다의 시신을 향나무로 만든 장작더미茶毘塔 위에 모셨다. 아난다가 관棺 위에 불을 붙였다. 그러나 아무리 붙여도 불이 붙지 않았다. 이때 석가모니의 사망 소식을 들은 가섭은 서둘러서 장지葬地로 왔는데 사망 후 7일이 지난 때였다. 가섭이 도착하여 관에 예禮를 올리려고 보니 마중이나 나온 듯이 발이 관 밖으로 나와 있었다. 이윽고 예배가 끝나자 저절로 관에 불이 붙었다. 옆에 있던 아난다는 아직 아라한이 되지 못하고 있었는데 이를 보고 깨닫는 바가 있었다고 한다.

부처의 유골舍利, 사리은 나누어져 여덟 개의 나라에 분배되었다. 훗날, 사리를 봉안한 탑佛塔, Stupa이 세워져 불교 성지가 되었다.

석가모니 부처는 80세 때 구시나가라에서 완전한 열반에 들며 생애를 마쳤다. 기원전 483년경이었다. 쿠시나가르는 오늘날에도 인도 불교 4대 성지(성도, 초전법륜, 기적, 열반) 중 하나로 남아 있다. 불교 수행자들에게 부처의 마지막 말씀(無常과 精進)은 가장 중요한 가르침으로 전해진다.

석가모니 부처의 일생에 걸친 구도 과정은 인간의 고통과 집착에서 벗어나 해탈에 이르는 위대한 여정을 상징하며, 불교의 핵심 교리와 수행의 본질을 보여 준다.

III

부처 열반 후
불경의 역사적 흐름

1. 부처 말씀의 전승과 유파

부처 입멸 직후 제자들과 이후 시대가 흐르면서 나타난 많은 승려와 왕은 부처 말씀佛法을 수행하면서 이를 바르게 정리하고 계승할 목적으로 6차례의 결집結集, Saṅgīti을 개최하였다. 결집이란 경전 편찬 회의를 말한다. 불경을 접한 수행자들이 잘못된 길로 빠지지 않고, 옳게 배워 수행하려는 목적으로 진행되었다.

1) 제1차 결집

부처 입멸 후 약 3개월이 지났을 때(기원전 483년경), 제자들은 그의 가르침을 체계적으로 보존하고 후대에 전승할 필요성을 느꼈다. 왜냐하면 부처가 강조한 '문자 기록 없이 암송을 통해' 가르침을 전수하는 전통 때문에 입으로만 전해져 내려온 가르침이 자칫 소멸하거나 변용될 수 있을지도 모른다는 염려가 커졌기 때문이다.

제1차 결집第一次結集, First Buddhist Council의 장소는 마가다국摩揭陀國 왕사성王舍城, Rājagṛha 근처의 칠엽굴七葉窟, Sattapanni Cave이었다.

결집을 주도한 인물은 마하가섭摩訶迦葉, Mahākāśyapa이었다.

마하가섭은 수행과 계율을 가장 엄격하게 지킨 고승으로 부처가 없는 빈자리로 인하여 자칫 생겨날 수 있는 승단의 혼란을 사전에 막고 또 가르침을 정확하게 보존하기 위하여 결집을 주도하였다. 마가다국의 왕 아자타삿투阿闍世, Ajātaśatru도 결집을 후원하였다.

여기에 참여한 주요 인물로는 아난다阿難, Ānanda, 우파리優波離, Upāli 등 500명의 아라한Arhat이었다. 이들이 모여 경經과 율律을 정리하였다.

먼저 경장經藏, Sutta Piṭaka을 편찬하는 일을 시작하였다. 마하가섭이 아난다에게 "부처가 설법한 모든 가르침을 암송暗誦하여 보시오."라고 요청하였다. 그러자 아난다는 '여시아문如是我聞, Evaṃ mayā śrutaṃ'이라는 말로 시작하면서 모든 경전을 암송하기 시작하였다. "나는 이렇게 들었다如是我聞."라는 선언은 그 암송에 개인적인 사견이나 주관적인 해석이 스며 있지 않다는 자기 선언으로서 일종의 선서 같은 것이었다. 아난다는 부처의 사촌 동생으로 25년간 부처 곁에서 시자侍者로서 부처를 섬겼다. 아난다는 부처의 가르침을 모두 기억하고 있었기 때문에 결집에서 핵심적인 역할을 수행하게 되었다.

아난다의 암송을 정리한 가르침이 경장經藏, Sutta Piṭaka이다. 경장은 율장律藏, Vinaya Piṭaka(계율), 논장論藏, Abhidhamma Piṭaka(철학적 분석)과 더불어 삼장三藏, Tipiṭaka 중 하나로 불교의 주요 경전이다. 북방 대승불교(중국·한국·티베트) 전통에서는 네 부분의 아함경阿含經이 여기에 속하며 이후 대승경전이 발전하며 법화

경, 화엄경 등이 추가되었다.

　다음으로 율장律藏, Vinaya Piṭaka을 편찬하였다. 율장이란 승
단에서 지켜야 할 비구比丘와 비구니比丘尼의 계율과 생활 규칙
을 말하는 것으로 이것을 체계적으로 정리하는 사업을 진행했
다. 이 일은 마하가섭의 요청에 따라 우파리優波離, Upāli가 맡았
다. 우파리는 이발사 출신으로, 붓다의 제자가 되어 출가 후 계
율戒律, Vinaya에 정통한 인물이었다. 우파리는 부처가 제자들에
게 가르친 계율比丘 · 比丘尼戒, Bhikkhu Vinaya, Bhikkhunī Vinaya을 환

하게 다 꿰고 있었다. 그렇기에 우파리가 낱낱이 암송하여 승단의 규칙과 생활 윤리를 체계적으로 정리해 나갔다. 이렇게 정리한 계율이 율장이다.

제1차 결집은 불교 교리와 승단의 기틀을 마련한 중요한 역사적 사건으로, 이후 불교 전파와 발전의 토대가 되었다. 제1차 결집의 역사적 의의는 다음과 같다.

첫째, 구전 전승 방식의 확립이다. 결집에서 정리된 경과 율을 문서로 기록하지 않고 암송을 통해 전승하는 방식의 확립이다. 승려들이 특정 구절을 반복 암송하면서 가르침을 보존하는 방식이다. 이후 이런 방식이 후대 결집의 기초가 되었다.

둘째, 불교 최초로 공식적으로 교리를 정리하였다는 점이다. 경장經藏과 율장律藏의 기초를 확립함으로써 불교 교단의 체계를 확립하였다. 경장과 율장의 분류를 확립함으로써 승려들은 경經 암송자와 율律 암송자로 나누어져 역할을 수행하게 되었다.

부처 생전에는 이 모든 것을 부처에게 의지하고 있었으나, 부처 입멸 후 이를 손실하지 않고 체계화하여 완정完整하였다는 점에 역사적 의의가 있다.

셋째, 대중부와 상좌부의 갈등 계기가 된 점이다. 제1차 결집 당시에서는 명확한 분열이 없었지만, 이후 계율 해석을 둘러싸고 보수적인 상좌부上座部와 개혁적인 대중부大衆部로 갈라지게 되었다.

2) 제2차 결집第二次結集, Second Buddhist Council

제2차 결집은 붓다 입멸 후 약 100년이 지나서 개최된 결집이다. 승단 내부의 계율 해석과 실천 방식에 대한 논쟁을 해결하기 위해 열린 모임으로 오늘날 인도 비하르Bihar 지역인 비사리毘舍離, 吠舍離, Vesāli에서 열렸다.

먼저 야사耶舍, Yasa Kākandaputta의 문제 제기가 있었다. 상좌부 장로 야사가 비사리 지역의 일부 비구들이 10가지 계율을 완화하여 수행하는 것을 보고 충격을 받았다. 야사는 이를 문제 삼아 "부처가 정한 계율을 마음대로 변경하는 것은 잘못된 것非法이다."라고 주장하며 이를 고치려 하였다.

하지만 비사리 지역의 승단에서는 이를 거부하고, 오히려 야사를 격렬하게 비난하기 시작하였다.

그러자 야사는 문제를 해결하기 위해 보수적인 승려들(상좌부)에게 도움을 요청하였다. 야사의 요청을 받은 상좌부의 장로들이 이 문제를 다루기 위해 모였다. 사비야Sabbakāmī, 살하Sālāha, 바수미따Vasumitta 등 7명의 장로가 모였다. 이들은 비사리의 계율 변경이 부처의 가르침과 다르다고 판단하여 이를 심도 있게 다루기 위한 공식 회의를 소집하였다. 공식 회의에 700명의 아라한이 참여하였다. 여기서 이들은 공식적이며 공개적으로 격렬하게 논의를 진행하였다.

논쟁에서 대립이 된 주장은 다음과 같다. 개혁적 성향의 비사리 승단인 대중부大衆部, Mahāsāṃghika에서는 "이런 것들은 사

소한 규칙들로서, 시대 변화에 따라 융통성 있게 적용해도 된다."라고 주장하였다. 반면 보수적인 장로 승려들이 중심이 된 상좌부上座部, Sthavira에서는 "계율은 붓다가 직접 정했으니 변형해서는 안 되며 엄격하게 지켜야 한다."라며 원칙을 고수하였다.

대립한 주장으로 서로 격렬하게 토론하였지만, 결과적으로 10가지 계율을 변경하는 것은 불법으로 결정되어 이를 비사리 승단에 통고하였다. 10가지 사소한 계율十事非法, Ten Points of Dispute에 대한 논쟁점은 다음과 같다.

번호	논란이 된 계율	비사리 비구들의 주장	보수파의 반대 이유
1	소금을 저장하여 사용하는 것	장기 보관이 가능하도록 소금 사용 허용	수행자의 집착을 초래할 수 있음
2	해가 뜨지 않은 이른 새벽에도 식사 가능	새벽 일찍 수행이 끝난 후 허용	아침 해가 떠야만 식사 가능
3	마을에서 점심 이후에도 우유를 마시는 것	건강을 위해 가능	정오 이후 음식을 섭취하는 것은 계율 위반
4	의자에 앉아 먹는 것	허용	전통적인 방식(바닥에 앉아 식사) 준수해야 함
5	마을에서 돈을 받는 것	허용	승려는 돈을 소유하거나 사용하면 안 됨
6	술이 남아 있는 발효된 음료 마시는 것	조금 남아 있는 것은 허용	술을 마시는 것은 금지됨
7	손을 씻지 않고 식사하는 것	가능	수행자는 손을 씻고 깨끗이 해야 함
8	화려한 천을 두르고 수행하는 것	허용	지나치게 화려한 옷을 입으면 세속적 욕망을 자극할 수 있음
9	금·은을 받아서 보관하는 것	허용	승려는 물질적 재산을 소유하면 안 됨
10	의식에서 노래와 춤을 보는 것	허용	불필요한 감각적 쾌락에 빠질 위험 있음

하지만 비사리 승단은 이 결정에 반발하여 독자적으로 승단을 운영하는 쪽으로 선회하였다. 결과적으로 불교는 상좌부와 대중부로 분리되었다. 제2차 결집에서 불교 교단의 분열이 초래되었다. 상좌부는 남방 상좌부 불교Theravāda, 테라와다로 발전되어 전파되었는데 지역적으로는 스리랑카, 태국, 미얀마 등이다. 반면 대중부는 여러 부파部派로 유형화되어 나누어지면서 대승불교Mahāyāna의 형태로 등장·전개되어 중국, 한국, 일본, 티베트, 베트남 등으로 확산되었다.

제2차 결집은 단순히 사소한 계율에 대한 열띤 논쟁이라는 의미를 뛰어넘어, 불교가 다양한 유파로 발전하여 확산되는 계기가 되었다는 나름의 함의를 품고 있다. 따라서 제2차 결집은 불교 사상의 발전과 함께 대승불교의 기초를 형성하는 데 중요한 기능을 하였다고 볼 수 있다.

석가모니 사후 AD 1세기경 불교는 크게 두 파로 나뉘어졌다. 석가모니가 설법한 교리에 충실한 근본 불교는 스리랑카를 중심으로 동남아시아 쪽으로 퍼져나가 남방불교라 칭해졌고, 반면에 석가모니 설법의 근본 취지를 대자대비大慈大悲에 의한 중생구제에 있다고 보아 일반 신도들도 쉽게 불법에 접근할 수 있도록 참선만이 아니라 염불念佛 수련으로도 해탈할 수 있다고 본 북방불교가 중국·한국·일본으로 퍼져나갔다. 석가모니 사후 2,500여 년간(남방 불기 기준) 불교는 크게 성장하여 그의 교설은 세계 곳곳으로 퍼져나갔고 오늘날 세계 3대 종교의 하나로 자리 잡았다.

3) 제3차 결집

　제3차 결집第三次結集, Third Buddhist Council은 기원전 3세기 (기원전 250년경) 인도의 마우리아 왕조 시대에 열렸다. 마우리아 왕조(기원전 321년~기원전 185년)는 인도 역사상 최초로 강력한 중앙집권적 통일 국가를 구축한 왕조로 찬드라굽타 마우리아 Chandragupta Maurya가 건국하였다. 찬드라굽타는 마가다의 난다 왕조를 무너뜨리면서 왕조를 세웠다. 우리나라 역서에서 고려를 무너뜨리고 조선을 건국한 것과 같다. 수도는 마가다 왕국의 수도였던 파탈리푸트라Pataliputra를 그대로 마우리아 왕조의 수도로 삼았다. 마가다 왕국의 초기 수도는 라자기르 Rajagriha였다. 아자타샤트루Ajatashatru가 왕위에 오르면서 수도를 라자기르에서 파탈리푸트라로 이전하였다. 아자타샤트루는 죽림정사를 짓도록 허락한 마가다 왕국 빔비사라왕의 아들이다. 국방 전략과 경제 발전 목적으로 강변 지역인 갠지스강 유역에 새로운 수도 파탈리푸트라를 건설하였다. 찬드라굽타는 마가다의 난다 왕조를 무너뜨렸지만 수도는 이전하지 않고 그대로 사용하였다.

　아쇼카왕阿育王, Aśoka은 비굽타Bindusara, 빈두사라의 아들이자 찬드라굽타 마우리아의 손자다. 아쇼카는 기원전 268년 왕위(기원전 268~232년)에 오르자 강력한 국방력을 구축하면서 영토확장 정책을 추진하였다. 아쇼카는 기원전 261년경 칼링가 Kalinga(현재의 오디샤 지역)를 정복하기 위하여 전쟁을 일으켰다.

•
•
•

이 전쟁에서 엄청난 사상자가 발생했다. 전쟁을 치른 후 아쇼카는 수많은 사상자와 그들의 가족을 포함해 나라 전체가 전쟁 후유증에 휩싸여 크나큰 고통받는 것을 보면서 깊은 후회에 빠졌다. 아쇼카는 전쟁을 통한 정복 정책을 버렸다. 그리고 비폭력의 불교를 받아들이며 나라의 정책 방향을 비폭력과 평화 쪽으로 바꾸었다. 불교에 귀의하여 부처의 가르침을 바탕으로 나라의 정책을 '다르마Dharma, 법·진리'에 기초하여 펼쳐 나갔다. 그리고 실제로 비폭력Ahimsa을 실천하였다. 살생을 금지하고 동물의 희생도 줄여나갔다. 관용과 종교적 자유를 선포하였다. 힌두교, 자이나교 등 모든 종교에 관용을 베풀었다. 전쟁으로 상처받은 국민의 몸과 마음을 치유하기 위해 적극적으로 사회 복지 정책을 시행하였다. 병원과 우물을 건설하고, 여행자를 위한 숙소를 마련하였다.

하지만 이런 불교 정신에 기반한 아쇼카의 비폭력 관용의 불교 진작 정책은 엉뚱하게도 뜻하지 않은 방향으로 흘러갔다. 전혀 생각지도 못한 현상들이 불교계 안에서 발생하여 질병처럼 퍼졌다. 아쇼카왕의 불교 진흥책으로 인하여 다음과 같은 일들이 불교 내에서 일어났다.

아쇼카왕이 불교를 적극적으로 후원하여 불교가 크게 융성하자, 많은 이들이 출가하여 승려가 되었다. 그러자 이런 풍조에 편승하여 불교 교리를 제대로 알지 못하는 자들이 승려 행세를 하면서 대중들을 어지럽히기 시작했다. 또 한편 다른 사상을 가진 자들이 불교 교리를 들먹이면서 불교계를 매우 혼란스럽게

●　●　●

만들었다. 이러한 외적인 역기능에 더하여 불교계 안에서도 정제되지 않은 사상적 혼란이 일어나고 있었다. 당시에 브라만교, 자이나교, 기타 이교도 출신들이 불교도가 되어 불교를 수행하고 적극적으로 불교를 확산시켜 나가는 데 조력했는데 불교 진작의 풍조와 분위기는 좋았지만, 이런 풍조로 인하여 부지불식간에 정통 불교 교리 자체가 흔들리는 부작용도 나타났다.

불교 내부의 이런 혼란스러운 소용돌이를 마주하자 뜻있는 승려들이 개탄하며 각성의 소리를 쏟아내기 시작하였다. 불교의 정통 교리를 바로 세우고 불교 내의 분쟁과 혼돈을 해결하여야 한다는 주장들이 드세게 일어났다. 불교 교단의 순수성을 유지하기 위하여 가짜 승려를 색출하여 정리하여야 한다는 지적에 대해서도 공감대가 확산되었다. 이런 인식과 공감대를 바탕으로 상좌부Sthavira 승려들이 제3차 결집을 개최하여야 한다고 외치며 개혁의 흐름을 주도해 나가기 시작하였다. 목갈리뿟따 띠사目犍連子帝須, Moggaliputta Tissa 등이 이런 흐름을 활발하게 주도하며 움직였다. 다행히 아쇼카왕도 불교계 개혁을 위한 결집 운동의 참뜻을 이해하면서 강력히 후원하기 시작하였다. 그리하여 제3차 결집은 다음과 같은 활동을 중심으로 전개되었다.

첫째, 가짜 승려, 이단 불교도를 색출하여 추방하여 나갔다. 목갈리뿟따 띠사는 1,000명의 아라한阿羅漢(깨달음을 얻은 자)을 소집하여 이들과 함께 정통 불교를 확립하고 이단을 가려내어 축출하기 시작하였다. 불교 교단 내부의 가짜 승려들과 이교도

들이 이에 저항하자 아쇼카왕의 강력한 지원을 받아 강경하게 대처하여 추방하였다.

둘째, 불교의 정통 교리를 정립하여 나갔다. 이를 위하여 당시 인용되고 있던 다양한 불교 경전을 엄정하게 검증하기 시작하였다. 가장 먼저 이미 전승되어 오던 '팔리 삼장三藏經, Tipiṭaka'을 다시 살펴보았다. 이미 활용되던 기존의 경장Sutta Piṭaka과 율장Vinaya Piṭaka도 점검하였다. 여기에 새로운 논서論, Abhidhamma도 함께 검토하였다. 결과적으로 논장論藏, Abhidhamma Piṭaka을 체계적으로 정리하였다. 승려들은 이 모든 작업에 있어서 부처의 가르침에 충실히 하려고 혼신의 노력을 다하였다. 지극 정성을 다하여 이 작업을 엄밀하게 추진하였다. 엄격한 논증을 거치면서 기존의 교리에서 벗어난 사상을 단호히 배격하였다. 정통 교리의 정립을 통하여 불교 교단의 난잡한 풍토를 정리했다. 불교 승단의 모든 활동이 정통 교리에 충실히 따르도록 정리했다. 이 일에 신중에 신중을 기하였다.

다음으로 불교 교리 중에서 끊임없이 논쟁을 일으키는 부분들을 찾아 정리하고, 논쟁점들이 무엇인지를 밝혀서 이를 정리하였다. 이 일은 목갈리뿟따 띠사가 주도하여 카타왓투論事, Kathāvatthu를 집필하면서 완성해 나갔다. 불교 교리의 다양한 논점에 대해 일관성 있는 사유 체계를 확립하려 하였다. 이로써 상좌부 불교의 철학적 기초가 다져졌다. 상좌부 불교上座部佛敎, Theravāda의 바탕이 더욱 확고해졌다. 이는 정통 교리의 확립에 기여함은 물론 후대의 상좌부 불교 교리를 형성하는 데

에도 커다란 영향을 미쳤다.

　제3차 결집의 핵심 내용이라고 할 수 있는 가짜 승려 및 이교도 색출, 이단 사상 정리와 정통 교리 확립 작업이 완결되자 아쇼카왕은 이를 근거로 하여 불교의 교세를 더욱 확산해 나갔다. 아쇼카왕의 지원에 힘입어 불교는 인도를 넘어서 다른 지역으로 뻗어나갔다. 불교가 인도 내에서만 머물지 않고, 스리랑카, 동남아시아, 중앙아시아, 그리스 지역 등으로 퍼져나갔다. 아쇼카왕은 불교 지도자들과 더불어 다른 나라에 불교 사절단(승려)을 파견하여 불교가 세계적으로 확산되었다. 특히 아쇼카의 아들 마힌다摩哂陀, Mahinda와 딸 상가미타僧伽密多, Saṅghamittā는 스리랑카에 불교를 전파하여 오늘날 상좌부 불교의 전통을 확립했다. 스리랑카로 전파된 상좌부 불교는 오늘날까지 유지되고 있다.

4) 대승불교의 출현과 대중화

석가모니 부처의 입멸 후 기원전 약 3세기경까지 상좌부 불교Theravāda(소승불교) 중심으로 불교는 전통을 계승하였다. 상좌부 불교는 출가 수행과 개인의 해탈Arhat이라는 길을 중시했으며, 엄격한 계율을 지키도록 하였다. 그러나 시간이 지나면서 불교의 수행과 형식이 대중들의 정서와 생활에 동떨어졌고, 일반인들이 수행하기에는 그 방식과 계율이 어렵다는 점이 불만으로 나타났다.

이러한 형식과 수행의 어려움에 따른 문제는 벌써 제2차 결집에서도 드러난 바 있다. 제2차 결집은 승단 내부의 계율 해석과 실천 방식에 대한 논쟁을 해결하기 위한 모임으로 핵심 내용은 10가지 사소한 계율에 관한 논쟁을 해소하는 것이었다. 이처럼 자발적으로 수행의 길을 택한 승단 내부에서도 수행의 어려움이 공개적으로 논의될 정도라면 불교의 길이 일반인들에게는 얼마나 접근하기 어려운 것이었는지를 충분히 알 수 있다. 어떻든 제2차 결집의 결과 상좌부上座部와 대중부大衆部로 나누어지는 분열이 있었다. 대승불교는 바로 이 제2차 결집의 논쟁에서 이미 태동했다고 볼 수 있다.

이후 아쇼카왕의 불교 장려 정책으로 인도 전역과 해외(스리랑카, 중앙아시아 등)로 불교가 퍼져나갔고 교단도 커졌다. 불교 교단이 확대되면서, 수행자 중심이 아닌 재가 신자(일반 신도)도 적극적으로 참여하도록 신앙의 양식이 새롭게 나타나기 시작하

였다.

기원후 1~3세기경 쿠샨 왕조Kushan Empire가 중앙아시아, 북인도, 간다라 지역을 통치하면서 그곳에 불교를 전파하였다. 특히 카니슈카왕Kanishka(재위: 127~150년경)이 불교를 후원하며 제4차 불전 결집을 개최토록 하여 대승불교 발전의 전기를 마련하였다

대승불교는 주로 북인도와 중앙아시아에서 발전하였다. 주요 중심지로는 간다라Gandhara(현재의 파키스탄 북부, 아프가니스탄 동부), 마투라Mathura(인도 북부 우타르프라데시주), 나란다Nalanda(인도 비하르주), 카슈미르Kashmir 등이 있다. 나란다는 이후 대승불교의 학문 중심지로 성장하였고, 카슈미르는 카니슈카왕 시기에 불교의 중심지로 자리매김하였다.

대승불교의 대표적 사상가로 나가르주나龍樹, Nagarjuna(2~3세기), 아상가無著, Asaṅga(4세기), 바수반두世親, Vasubandhu(4세기) 등이 있다.

나가르주나는 '공空, Śūnyatā' 사상의 창시자로, 중관학파中觀學派, Madhyamaka의 시조다. 그는 『중론中論, Mūlamadhyamakakā-rikā』에서 "모든 존재는 실체가 없으며, 연기緣起에 의해 존재하는 것"이라고 말한다. 이 중관학파는 이후 동아시아 불교(특히 천태종과 선종)에 큰 영향을 끼쳤다.

아상가와 바수반두는 유식학파唯識學派, Yogācāra를 창시하였다. 유식사상은 "일체는 오직 마음識, Vijñāna일 뿐"이라는 사상이다. 이들은 『유가사지론瑜伽師地論』 등을 저술하여 대승불교

● ● ●

의 교학적 기초를 다졌다. 대승불교는 보살Bodhisattva 신앙, 공 사상, 자비를 베풀고 중생을 구제하는 것 등을 강조하였다.

지금까지의 상좌부 불교에서는 아라한Arhat(해탈을 이룬 개인)을 이상적 존재로 여겼다. 그러나 대승불교에서는 자신의 깨달음 뿐만 아니라 모든 중생을 구제하는 보살을 이상적 존재로 설정하였다.

대표적인 보살로서 자비와 중생 구제의 상징인 관세음보살 Avalokiteśvara, 지혜를 상징하는 문수보살Manjushri, 지옥 중생을 구제하는 지장보살Kṣitigarbha을 들 수 있다.

공 사상은 나가르주나가 체계화시킨 개념이다. 모든 것은 연기(상호 의존적 관계)에 의하여 존재하는 것이지, 독립적인 실체 는 없다고 주장한다. 이 사상은 기존 상좌부 불교의 법체法體 실재론을 부정하는 것으로, 대승불교 철학의 핵심이 되었다.

대승불교는 자비를 베풀고 중생을 구제할 것을 강조하였다. 기존 불교가 출가 수행자를 중심으로 한 승단을 강조한다면, 대승불교는 재가 신자도 실천할 수 있는 보살행菩薩行을 강조 하였다. 불자의 목표는 모든 중생을 깨달음으로 이끄는 것이라 고 말하였다.

대승불교가 발전하면서 새로운 경전들이 등장하였다. 공 사 상과 반야 지혜를 강조하는 『반야경般若經』, 모든 중생에게는 불성이 있다는 일승사상一乘思想을 주장하는 『법화경法華經』, 불 법의 우주적 장엄함을 강조하는 『화엄경華嚴經』, 아미타불 신앙 과 극락정토 개념을 정립한 『무량수경無量壽經』 등이 있다.

불교는 쿠샨 왕조를 통해 중앙아시아로 전파되었고, 실크로드를 따라 중국으로 들어갔다. 2~4세기경 중국에서는 불경 번역과 대승불교 연구가 활발하게 일어났다. 5세기 이후 대승불교는 한국(삼국시대), 일본(아스카 시대)으로 전래되어 새로운 불교 전통을 이루었다. 7세기경 대승불교는 티베트로 전파되어 밀교密敎와 결합하여 티베트 불교로 발전하였다.

5) 두 차례의 제4차 불전 결집

제4차 불전 결집第四次 佛典 結集은 불교 경전을 정리하고 결집한 네 번째 공식적인 결집이다. 이는 불교 교리를 체계적으로 정리하고 후대에 전승하기 위한 목적으로 개최되었다. 이 결집은 크게 두 가지로 나누어 설명할 수 있다. 하나는 스리랑카(란카) 제4차 결집이고, 다른 하나는 간다라(쿠산 왕조) 제4차 결집이다.

스리랑카 제4차 결집은 기원전 1세기경(약 기원전 29년~기원전 17년) 남방 상좌부 불교가 주도하여 추진되었다. 당시 스리랑카에서는 남인도 타밀족의 침략과 내전으로 불교 승단이 약화하고, 구전으로 전해지던 경전이 소실될 위험이 커짐에 따라 경전을 문자로 기록할 필요성이 크게 제기되어 개최되었다. 장소는 스리랑카 마하위하라大寺, Mahavihara로 현재 스리랑카의 마따레Matare 지역이다.

주요 인물로는 스리랑카의 바투가마니 아바야Vattagamani Abhaya왕과 대사大師, Mahāthera들이 주도하였고, 스리랑카 마하위하라의 많은 승려도 동참하였다.

스리랑카 제4차 결집에서 특이한 점은 그때까지 구전口傳, 暗誦으로만 전해지던 팔리 삼장三藏, Tipitaka을 문자로 기록하였다는 것이다. 즉 불교 경전을 최초로 문자로 기록하였다는 점은 불교 역사에서 대단히 혁명적인 의미가 있다. 문자로 기록됨으로써 부처 말씀이 시공의 한계를 초월하여 전해질 힘을

가지게 되었다. 다만 암송에 비하여 '말의 소리가 갖는 힘'을 전하지 못한다는 점이 한계이다. 음성音聲과 음가音價가 불러일으키는 신비스러운 영성靈性적 힘을 문자는 제대로 전달하지 못한다. 문자는 올리브잎과 종이에 새겨서 보존이 가능하게 하였다. 문자는 팔리어로 기록되었다. 이 결집 이후 팔리어는 상좌부 불교의 표준 경전 언어로 확립되었다. 제4차 불전 결집으로 인하여 상좌부 불교의 경전 체계가 완성되었다고 볼 수 있다. 스리랑카 제4차 결집은 미얀마, 태국, 캄보디아, 라오스 등 동남아 불교에 커다란 영향을 주었다.

간다라(쿠샨 왕조)의 제4차 결집은 1세기경(약 78년~101년) 대승 불교가 확산되는 시기에 이루어졌다. 쿠샨 왕조貴霜王朝, Kushan Empire 전성기에 불교가 중앙아시아로 전파되자, 이런 흐름에 따라 다양한 유파의 불교가 나타났다. 여러 유파의 불교가 뒤섞이면서 자연스럽게 여러 유형의 논설이 발발하여 저절로 많은 논쟁이 끊임없이 나타나 충돌하였다. 혼란과 혼동이 극심해지자 이것을 정리할 필요가 있었다.

이에 고승인 파르슈바Parśva가 결집을 주도하였다. 이 결집에서 바수밋라Vasumitra가 경전을 정리하고 주석을 달았다. 쿠샨 왕조의 가니슈카Kaniṣka왕이 결집을 적극 후원하였다.

장소는 간다라犍陀罗, Gandhara의 푸루샤푸라布路沙布邏, Puruṣa-pura 지역이었다. 간다라는 현재의 파키스탄 북부와 아프가니스탄 동부 지역으로 간다라 미술로 유명하며, 헬레니즘과 인도 문화가 융합된 불상 조각이 많이 남아 있다. 푸루샤푸라는 현

. . .

재의 파키스탄 북서부 페샤와르Peshawar 지역으로 2세기경 쿠샨 왕조의 카니슈카왕이 이곳을 수도로 삼아 불교를 크게 발전시켰다. 칸다하르Kandahar, 타흐티바히Takht-i-Bahi 등과 함께 불교 유적이 풍부한 지역이다.

간다라 제4차 결집에서는 기존의 경전을 산스크리트어로 편찬하였다. 남방 상좌부에서 팔리어로 기록한 것과 다른 점이다. 산스크리트어로 기록된 경전을 중국에서 한역漢譯하면서 기본 경전으로 삼았기 때문에 한역의 소리가 산스크리트와 닮은 부분이 많다. 간다라 제4차 결집에서 대승불교 경전 체계가 정립되었다. 『대반열반경』, 『화엄경』, 『유마경』 등 대승불교 경전을 정리하였다. 이는 중국과 티베트 불교 발전에 지대한 영향을 주었다.

논서인 아비달마阿毘達磨, Abhidharma의 체계를 확립하고 발전시켰으며, 『구사론』 등의 논서를 정리하였다. 불교 교리를 해석하고 논쟁을 정리하는 주석을 첨부하였다. 이는 불교 철학 형성에 많은 영향을 끼쳤다.

쿠샨 왕조가 불교를 적극적으로 후원함으로써 불교가 중앙 아시아와 중국에 진출하는 발판이 마련되었다.

● ● ●

6) 제5차 불전 결집

제5차 불전 결집第伍次 佛典 結集,The Fifth Buddhist Council은 미얀마의 민돈Mindon왕(재위 1853~1878) 주도로 1871년에 시작되어 같은 해에 마무리되었다. 당시 미얀마의 수도였던 만달레이Mandalay에서 이루어졌다.

미얀마(당시 버마) 마지막 왕조인 콩바웅 왕조Konbaung Dynasty의 국왕 민돈왕은 독실한 불교도였다. 그는 미얀마에서 통용되던 팔리어 삼장법전Tipitaka을 1860년부터 1868년까지 729개의 대리석 돌판에 새겼다. 돌판에 새긴 이 작업은 후대에 경전이 손실되는 것을 방지하기 위한 것이었다. 모든 경전을 미얀마어로 번역하지 않고, 팔리어 원문을 그대로 유지하였다. 729개 각각의 석판 위에 작은 불탑Stupa(탑형 건축물, Kyaungsa라고 불림)도 세웠다. 또 이 석판과 불탑을 보존하기 위하여 1868년에 쿠도도 파고다Kuthodaw Pagoda라는 불교사원을 건립하였다. 이로써 쿠도도 파고다는 '세계에서 가장 큰 책The World's Largest Book'이 되었다.

이런 사업을 추진한 것은 민돈왕이 불교의 보호자 역할을 수행하고, 불교 경전을 영구적으로 보존하여 왕실의 신앙심을 드러내며, 미얀마가 불교 중심 국가임을 천명하려는 의도에서였다. 이런 정책에는 미얀마 불교의 정통성을 유지하려는 종교적 목적 외에 사상적 중심 국가라는 정체성을 표방하려는 정치적 목적도 내포되었다. 당시 영국은 미얀마를 식민지로 만들기 위

● ● ●

해 여러 가지 시도를 하던 중이었는데 불교를 통한 정신적 자주
성과 미얀마의 정체성을 분명히 하려던 것으로 추정된다.

쿠도도 파고다 사원 건립 후 민돈왕은 1871년에 제5차 불
전 결집을 소집하였다. 그 의도는 이미 대리석 판에 새긴 기존
의 삼장법전을 철저히 검토하고 확정하기 위한 것이었다. 또
영국 식민지화로 인한 문화적 위협에 대응하는 의미도 지녔다.
2,400명 이상의 고승高僧, 장로 비구, Theravāda Buddhist Elders들이
결집에 참여하여 팔리 삼장을 다시 한번 검토하고 교정하는
작업을 수행하였다. 여기에는 정통을 지키려는 남방 상좌부 불
교 승려들이 주로 활약하였다. 자가라아비밤사Jāga-rābhivaṃsa,
나라인다아비다자Narindābhidhaja, 수망갈라사미Sumaṅgalasāmi
등이 핵심적인 역할을 하면서 경전의 정확성을 검토하고, 팔리
어 원문을 확정하는 데 기여하였다.

제5차 불전 결집에서 팔리 삼장을 완전히 교정하고 보존토
록 결정하였다. 이로써 테라와다 불교Theravāda Buddhism 전통의
경전이 체계적으로 정리되었다.

이 과정에서 큰 내용 변경 없이 대리석 판에 새긴 삼장법전
을 최종적으로 확정하였다. 기존에 새겨진 대리석 석판의 내용
을 수정하거나 교체한 기록은 없다. 이것은 이후 제6차 결집의
기초가 되었으며 현대 불교 경전 연구의 중요한 자료로 활용
되고 있다.

・ ・ ・

7) 제6차 불전 결집

제6차 불전 결집第六次 佛典 結集은 1954년 5월 17일부터 1956년 5월 24일까지 약 2년간 미얀마에서 진행되었다. 미얀마 양곤Yangon의 계도정사戒道精舍, Kaba Aye 근처 대석굴大石窟, Maha Pasana Guha에서 승려들이 경전을 암송하고 토론하면서 결집의 정확도를 높여 나갔다.

제6차 불전 결집의 배경은 제5차 결집 이후 이미 80여 년의 세월이 흘렀고, 세계적으로 불교 연구가 활발해지면서, 팔리 삼장을 더욱 철저하게 정리하고 현대적으로 검토할 필요성이 있었기 때문이었다. 또 불교의 원형을 보존하고 통일된 경전 체계를 확립하려는 목적이었다.

주도한 인물은 미얀마의 우 누U Nu 총리였다. 그가 중심이 되어 미얀마 정부의 지원 아래 국가적 차원에서 제6차 불전 결집을 공식적으로 진행하였다. 승려로서는 당시 미얀마의 유명한 명상 스승이자 학자인 마하시 사야도Mahasi Sayadaw(1904~1982)가 주도하였다. 마하시 사야도는 미얀마의 유명한 상좌부 불교 수행자이자 위빠사나Vipassana 명상법을 현대적으로 체계화한 고승이었다. 더불어 2,500여 명의 상좌부 승려들이 전 세계에서 와서 참여하였다. 미얀마, 태국, 스리랑카, 캄보디아, 라오스, 인도, 방글라데시, 네팔 등에서 왔다.

이들이 추진한 제6차 결집의 내용은 다음과 같다.

첫째, 팔리 삼장 전체를 철저히 검토하고 확정하였다. 팔리

●　●　●

삼장을 체계적으로 다시 검토하면서 오류를 수정하여 나갔다. 기존의 팔리어 원문을 바탕으로 각국에서 사용하던 불교 경전을 교차 비교·검토하여 통일된 경전 체계를 확립하였다. 학술적으로 불일치하는 부분을 바로잡으면서 불교 경전의 정확도를 높여 나갔다.

둘째, 팔리어 경전을 인쇄본으로 출판하였다, 제4차 결집까지는 손으로 쓰는 필사본이었고, 제5차 결집에서는 석판에 경전을 새겼지만, 제6차에서는 종이·비단 등에 인쇄하여 출판을 통해 널리 보급될 수 있도록 하였다. 대량으로 인쇄·보급함으로써 더욱 편리하게 불경을 학습하고 연구할 수 있도록 하였다.

셋째, 팔리 삼장을 녹음하여 오디오로 제작하였다. 불경을 역사상 최초로 오디오로 녹음하여 보존 전승한 것이다. 오디오 방식은 문자로는 전달하기 어려운 불경이 가진 소리적 영성靈性을 그대로 전달할 수 있다는 강점이 있다.

넷째, 전 세계의 상좌부 불교 국가가 참여한 국제적인 결집이라는 점에서 불교의 세계화 길을 열었다. 제5차까지 결집이 특정 지역(스리랑카, 인도, 미얀마)의 참여로 진행되었다고 한다면, 제6차 결집에는 미얀마, 태국, 스리랑카, 캄보디아, 라오스, 베트남, 방글라데시, 인도 등 대다수 상좌부 불교 국가들이 공동으로 참여하여 불교 세계화의 길을 열었다. 여러 나라의 승려들이 참여하여 협력으로써 불교 경전의 국제적 통일성을 높이고 세계화의 기틀을 마련하였다는 점이 주목할 만하다.

다섯째, 1956년은 부처 열반 2500주년Buddha Jayanti 2500이 되는 해이기에 이를 기념한다는 의미도 있었다. 부처 열반 2500주년을 기념하는 세계적인 불교 행사를 미얀마가 주도하였다는 자긍심을 떨칠 수 있는 계기가 되었다. 미얀마 정부와 불교 단체들이 주도하여 불교의 전통과 가르침을 현대에 맞게 계승하여 실천하고 있다는 점을 전 세계에 표방하는 역사적인 의미를 함축하고 있다.

결과적으로 현재 상좌부 불교에서 사용하는 팔리 삼장 대부분은 제6차 결집의 결과물을 바탕으로 이루어졌다. 이는 미얀마, 태국, 스리랑카, 캄보디아, 라오스 등의 불교 국가들이 제6차 결집의 결과물을 공식적인 불교 경전으로 인정한다는 증거이기도 하다. 따라서 제6차 결집의 팔리 삼장은 세계 불교 연구자들에게 표준이 된다.

제6차 결집은 현대 불교의 근간을 마련한 중요한 사건으로 불교 역사에서 가장 중요한 결집으로 볼 수 있다.

2. 불경의 현대적 접근

20세기 중반 제6차 결집은 불경의 정확도를 정립하여 국제 표준을 세우고 세계화의 기틀을 마련했다는 의의가 있다. 또한 인쇄 출판으로 불경을 널리 보급하여 누구나 불경을 쉽게 접하고 편리하게 학습 연구할 수 있도록 하였다. 제6차 결집을 통하여 불교는 세계인의 보편적 삶을 행복하게 하는 기반을 마련한 것이다.

이후 20세 후반과 21세기 전반을 맞이하면서 인류는 또 다른 위기에 봉착했다. 발전량 증가와 IT 기술 발달의 순·역기능, 이상기후로 인한 암담하고 두려운 미래, 환경오염과 파괴로 인한 고통의 가중, 넘쳐나는 정보의 홍수로 인한 정신세계의 교란, 빈부격차로 인한 국내외의 충돌, 사상과 이념의 극단적 대립과 전쟁, 상충하는 무수한 종교적 교리들의 갈등에 맞닥뜨리고 있다. 인류는 이런 혼란 속에서 갈팡질팡한다. 이런 시대 속에서 불경은 어두운 밤길의 등불이 되어 사람들의 앞날을 밝혀주고, 고통당하는 사람들의 마음을 어루만져 주는 복음이 될 수 있을 것이다.

불교의 이런 기능과 역할을 위하여 지금 불교계에서는 다양한 활동들을 해나간다.

첫째, 불교 경전의 디지털화 및 불교의 현대화를 위한 연구

• • •

이다. 부처의 가르침을 전승하는 방식의 변화다. 가장 뚜렷한 변화는 IT 기술의 활용이다. 지금까지의 구두 암송, 기록, 검토라는 전통적인 결집 방식에서 벗어나 디지털화하는 방향으로 변화하고 있다. 팔리 삼장 및 대승 경전의 전자화 및 데이터베이스 구축이다. 팔리어 경전뿐만 아니라 한문, 티베트어, 산스크리트어 경전도 디지털화되고 있다. 기존의 필사본을 비교하여 텍스트의 차이점을 분석하고 정리하는 작업을 한다. 다음과 같은 연구소 및 기관들이 지속적인 활동을 한다.

미얀마, 태국, 스리랑카의 불교 대학 및 연구소 등에서 팔리 삼장을 디지털화하고 여러 연구를 진행한다.

중국의 대승불교 경전 디지털화 연구소인 중화전지불전협회中華電子佛典協會, Chinese Buddhist Electronic Text Association, CBETA에서 불교 경전의 디지털 작업을 방대하게 진행하고 있다.

일본 국제 불교 대학원 대학IBIS, International Buddhist Institute of Japan에서는 학문적 연구뿐만 아니라 불교 수행과 실천에도 중점을 둔 연구 활동을 한다.

수타 센트럴SuttaCentral은 불교 경전의 중앙 허브 역할을 한다는 의미이다. 팔리어, 산스크리트어, 티베트어, 중국어 및 기타 언어로 된 불교 경전을 디지털화하여 제공하는 온라인 플랫폼이다. 테라와다Theravāda, 대승Mahayāna, 금강승Vajrayāna 전통의 경전들을 제공한다. 불교 문헌 연구자와 수행자를 위한 오픈 액세스 자료를 제공하고 영어, 한국어 등 현대 언어로 번역된 경전도 제공한다. 아잘리오 수자토釋蘇哲, Ajahn Sujato 스님

이 오스트레일리아에 설립하였다.

또한 영국 옥스퍼드대학의 불교연구소Pāli Text Society, PTS가 있다. 테라와다 불교의 경전인 팔리 삼장을 로마자로 편집, 번역, 출판하는 학술 단체다.

불교 디지털 자료 센터Buddhist Digital Resource Center, BDRC는 티베트 불교 자료 센터Tibetan Buddhist Resource Center, TBRC로 출발하였는데 현재 티베트 불교 경전과 문헌을 디지털화하여 보존하고 연구자들에게 제공한다. 이 센터는 유진 스미스E. Gene Smith가 미국의 매사추세츠주에 설립하였다. 기타 여러 미국 · 유럽의 불교 연구 기관(옥스퍼드 대학, 하버드 대학, 스탠퍼드 대학 등)에서 연구 활동을 진행하고 있다. 이런 여러 연구 기관에서는 자연어 처리Natural Language Parsing 기술을 활용하여 불교 경전 문맥을 연구한다.

둘째, 경전 번역의 세계화다. 전통적으로 팔리어, 산스크리트어, 한문으로 보존되던 경전을 다양한 국가의 현대 언어로 번역하는 작업으로 영어, 프랑스어, 독일어, 스페인어, 한국어, 일본어 등으로 번역되었다. 이런 번역은 불교 철학 및 수행법을 널리 전파하는 역할을 하였다.

셋째, 국제적 협력을 통한 연구의 활성화다. 과거의 결집은 특정 국가(인도, 스리랑카, 미얀마 등)에서 주도적으로 이루어졌지만, 현대 불교 연구는 국제적 협력을 통해 경전을 연구하고 보존하는 방식으로 진행한다. 다국적 연구자들이 참여하여 불교 경전을 비교 · 검토하고 연구한다. 미국, 유럽, 중국, 일본, 한국,

미얀마, 태국 등에서 공동으로 연구를 진행한다.

넷째, AI와 데이터베이스 기술을 활용한 경전 연구 분석, 자연어 처리를 활용한 팔리어, 산스크리트어, 한문, 티베트어 경전 비교 연구, AI 번역 시스템을 이용한 불경의 다국어 번역 정확도 향상 등이 이루어지고 있다.

명상 수행 방법 연구, 의식과 인공지능의 경계 연구, 무아無我 개념과 디지털 의식 업로드Uploading Consciousness의 비교, 인간과 AI가 수행하는 불교적 명상의 차이 등에 관한 연구가 있다. 또한 블록체인에 영원히 보존되는 불경Immutable Buddhist Scriptures을 실현하고, 경전이 AI에 의해 자동 업데이트되며 변화하는 시대에 맞게 해석되는 알고리즘을 개발하는 것들이 여기에 해당한다.

다섯째, 불교 사상을 현대사회에서 적용할 수 있는 영역의 연구다. 불교가 명상, 심리학, 뇌과학, 철학, 윤리학 등에 적용될 수 있는 영역을 탐색하고, 단순한 종교적 수행에서 벗어나 현대인의 삶과 접목되는 과정을 연구하는 분야들이 개발되고 있다.

여섯째, 중요한 불교 연구자들을 살펴보면 다음과 같다. 전통 불교 연구자로는 비구 보디Bhikkhu Bodhi(미국 출신의 테라와다 불교 팔리어 경전 번역가), 리처드 곰브리치Richard Gombrich(영국인 팔리어 연구 및 초기 불교 전문가), 루퍼트 게틴Rupert Gethin(불교 심리학과 교학 및 테라와다 불교 연구자) 등이 있다. 현대 불교 연구자로는 존 카밧진Jon Kabat-Zinn(마음 챙김 명상과 불교 연구), 틱낫한Thich Nhat Hanh(대승불교 및 명상 실천), 달라이 라마Dalai Lama(티베트 불교 대표 지도자) 등이 있다.

기타 중국, 한국, 일본, 티베트 등에 많은 불교 연구자 및 승려들이 불교 사상을 디지털화하는 작업을 수행하고 있다.

현대에는 많은 학자와 연구소에서 팔리 삼장의 원형을 유지하면서도 사람들이 부처의 가르침에 따라 깨달음에 도달할 수 있도록 다양한 연구를 수행하고 있다.

IV

불교의 앎

1. 물음의 종교

"불교는 물음의 종교다." 틱낫한Thích Nhất Hạnh 스님의 말이다. 묻지 않는다면 불교가 아니다. 현대 불교 철학자나 학자들은 모두 "불교는 끊임없이 질문하고 탐구하는 종교"라고 말한다. 서양 철학과 불교를 비교 연구하는 논문에서도 "불교는 탐구와 질문을 중심으로 발전한 종교"라고 정의하고 있다.

부처는 칼라마족에게 "권위에 의존하지 말고 스스로 질문하고 검토하라."(칼라마 경, Kālāma Sutta, AN 3.65)고 말씀하였다. 『숫타니파타』와 『상윳따 니까야』에서도 "의심을 가지고 질문하는 것이 지혜로 가는 길"이라 말하고 있다.

2,500년 전 부처도 첫 물음을 가졌다. "왜 인간은 고통받는가?" 어린 시절 사문유관四門遊觀을 경험하면서 던진 첫 번째 물음이다. 이 물음을 안고 부처는 왕자의 자리를 버리고 머리를 깎고 출가하였다. 두 번째 물음은 "무엇이 진정한 해탈인가?"였다. 출가 후 수행 과정에서 가진 물음이다. 세 번째 물음은 "고통의 원인은 무엇인가?"였다. 깨달음 직전 연기법으로 가졌던 물음이다. 부처는 이 물음들에 대한 답을 찾으면서 깨달음에 들었다. 그래서 불교를 삶과 고통에 대한 물음으로부터 시작된 종교라 할 수 있다.

불교에서의 '물음'은 단순한 질문이 아니다. 불교에서의 '물음'은 정보를 획득하려는 차원이 아니라, 정보 습득의 차원을 뛰어넘어 깨달음으로 가는 '과정의 도구'다. 따라서 불교에서는 올바른 물음을 수행의 핵심으로 본다. 잘못된 물음은 수행의 장애물이다.

1) 물음의 힘

첫째, 무지無知를 타파한다. '바른 의심正疑. Vicikitsā'에 의한
물음으로써 무지를 깨뜨릴 수 있다.

둘째, 지혜智慧의 성장이다. 물음을 통해 잘못된 고정관념을
깨고, 올바른 이해로 나아갈 수 있다.

셋째, 마음 작용의 일으킴이다. 물음 자체가 의식의 작용이
다. 이는 유식론唯識論의 핵심 주제로 연결된다.

2) 유식론 삼자성설로 본 물음의 역할

① 일어나는 물음 자체가 잘못일 수 있다. 물음 자체가 '변계소집성遍計所執性, Parikalpita-svabhāva'의 산물이기 때문이다. 유식론에서 변계소집성은 착각된 실재를 의미한다. '잘못 상정想定된 본성', '허구적인 본성'이라는 뜻이다. 잘못된 분별과 집착으로 인해 엉터리를 진짜라고, 거짓을 실재라고 착각하는 '허구적 실체'를 말한다.

우리의 물음 대부분은 잘못된 전제에서 비롯될 수 있다. 예를 들어 "나는 누구인가?"라는 질문은 '자아我'가 실재한다고 착각하는 질문일 수 있다. 따라서 물음 자체가 변계소집성의 결과물, 즉 물음 자체가 잘못되었을 수도 있음을 늘 성찰해야 한다. 이른바 오류가 섞인 가설, 프레임의 편견, 성장한 집안의 분위기, 소속 집단, 조직, 회사, 정당, 이익집단, 사회화 과정에서 길들여진 왜곡된 질문, 비판, 광적 추종과 예찬 등 스스로 옳다고 확신하는 것들에 의한 질문이 잘못일 수 있다.

② 하지만 계속되는 물음을 통해 올바르게 '의타기성依他起

性, Paratantra-svabhāva'을 인식해 나간다. '의타기성'이란 모든 현상은 어떤 원인과 조건에 의해 발생한다는 것을 뜻하는 개념이다. 옳은 질문을 던지고 답을 찾는 과정에서 우리는 사물과 개념이 독립적으로 존재하는 것이 아니라, 상호 의존적인 관계 속에서 형성됨을 깨달아가게 된다. 예를 들면 "왜 고통이 존재하는가?"라는 물음을 반복해 나가다 보면 모든 것은 연기緣起를 통하여 일어나고 연기의 조건으로 지어졌음을 깨닫게 된다. 물음은 이러한 과정을 짚고 넘어가는 수단이다.

③ '원성실성圓成實性, Pariniṣpanna-svabhāva'에 도달하는 질문을 던져야 한다. 궁극적 진리인 원성실성은 집착과 분별을 초월한 깨달음의 경지다. 수행자는 "누가 묻는가?", "물음 자체가 실재하는가?"와 같은 근본적인 질문을 던지며, 집착에서 벗어나게 된다. 예를 들어 "무엇이 참된 나인가?"라는 물음으로 결국 '무아無我'라는 깨달음에 도달하는 것이다.

이처럼 올바른 물음은 '변계소집성'에서 벗어나 '의타기성'을 이해하고, 궁극적으로 '원성실성'에 도달하는 과정에서 중요한 역할을 한다.

3) 물음과 팔식의 관계

유식론의 '팔식설'은 의식의 작용 체계를 밝히려는 것이다. 이때 '물음'은 팔식八識의 작용으로 이어진다.

팔식八識	물음과 의식 작용 체계와의 관계
전오식前五識	감각 기관의 경험으로써 물음이 일어나는 내용을 말한다. 즉 보고眼, 듣고耳, 냄새 맡고鼻, 맛보고舌, 접촉身하면서 다양한 궁금증과 물음이 생겨난다.
제육의식第六意識	감각 기관을 통하여 느끼면서 들어온 여러 정보를 뭉뚱그려 자기가 어릴 적부터 배워 온 여러 가지 사유 체계, 지식 체계, 언어 체계, 수리 및 감성 체계의 구조에 따라 논리적 또는 감성적 사고 작용으로써 물음을 만들어낸다.
말나식末那識	어쩔 수 없이 저절로 '자아我' '자기 자신'으로 인한 집착과 질문을 만들어낸다. "나는 누구인가?" 똑같은 물음이지만 수행 정도에 따라 그 내용과 수준이 다를 수 있다.
아뢰야식阿賴耶識	이런 물음이 업業으로 저장되어 이후 미래 자신의 언행과 명운에 영향을 미친다.

즉 '물음質問'은 우리의 경험伍識과 사고意識로 만들어진다. '물음의 생성'에는 다양한 형태가 나타날 수 있다. '물음'이 만들어질 때 말나식末那識이 개입하는 경우가 대부분인데, 자아에 대한 집착으로 인하여 자아가 반영된 질문이 나올 수 있다. 이 경우 자아 집착에 의한 근본적 왜곡이 발생할 수 있다. 대부분 중생은 늪에 빠져들어 '올바른 질문', 즉 '참 물음'을 하지 못하게 된다. 하지만 올바른 수행으로 수행의 정도가 깊은 수행자는 궁극적으로 아뢰야식阿賴耶識을 정화淨化하는 물음을 던짐으로써 깨달음으로 나아간다.

4) 불교의 대표적 질문과 유식론적 해석

불교의 대표적 질문	유식론적 해석
나는 누구인가?	변계소집성의 작용으로 인한 착각에서 비롯된 물음일 수 있다. '나'라는 실체는 없는 것이다無我.
사물과 사회현상은 실재하는가?	유식론에서는 '모든 것은 의식의 현상Vijñaptimātratā'일 뿐 실재는 없다고 본다.
고통의 원인은 무엇인가?	고통은 원래 없는 것이고 다만 의타기성의 법칙緣起法에 따라 나타날 뿐이다. 모든 것은 어떤 조건에 의하여 발생할 뿐 본래부터 눈앞에 있지 않았다.
깨달음은 어떻게 얻는가?	팔식을 정화하고 원성실성의 진리를 이해할 때 깨달음은 가능하다.

즉 우리 내면에서 일어나는 질문 자체를 '실재하는 것'이라고 곧바로 생각하지 말고, 늘 그 질문을 일으키고 던지는 마음을 성찰해야 한다.

5) 올바른 물음이 수행의 핵심

유식론은 "질문하는 마음 자체가 실재하는 것이 아님"을 깨닫게 한다. 그렇지만 다른 한편으로는 올바른 물음이 수행과 깨달음의 길을 열어준다. 한 걸음 더 들어가 근본적으로 "물음을 행하는 자는 누구인가?"를 되돌아서 물을 때, 우리는 유식론의 핵심으로 들어갈 수 있다. 즉, 물음은 유식론에서 수행과 깨달음을 위한 중요한 도구이며, 의식의 흐름을 탐구하는 과정에서 필수적인 역할을 한다.

그래서 올바른 '물음'은 '수행의 도구'라고 하는 것이다.

2. 부파불교의 출현

부파불교部派佛敎, Sectarian Buddhism는 부처의 가르침을 기반으로 사성제四聖諦를 관찰함으로써 지혜를 획득하여 무명無明을 타파打破, 斷滅, 解消해 나가는 방법을 강조한다. 부처는 마지막으로 이렇게 설법했다. "자신을 스스로 등불 삼고 법을 등불 삼아라自燈明 法燈明. 외부의 가르침에 흔들리지 말라. 다른 교리에 흔들리지 말고, 팔정도를 수행하여 해탈하라."라고 하였다.

부처의 이 말씀은 이후 시대를 관통하여 무수한 제자에게 사상과 수행의 근간이 되었으며 수많은 생각과 이론의 근본 바탕이 되었다. 초기 불교는 이 말씀을 따르면서도 많은 부파로 전개되었다. 이를 부파불교라 이름하는데 대체로 부처의 열반涅槃, Parinirvāṇa 이후 약 100~300년 동안 진행된 불교의 발전 과정에서 나타난 여러 부파를 말한다.

부파部派라 하여서 불교의 분열상을 지칭하는 것은 아니고, 어디까지나 부처의 말씀을 근본으로 하되 다만 교리 해석, 계율 내용, 수행 방법에 있어서 '서로 다름'이 있었음을 일컫는 말이다. 부파 초기에는 크게 상좌부上座部, Theravāda와 대중부大衆部, Mahāsāṁghika, 두 계열이 있었다. 고대 문헌에서는 18개 부파十八部派가 있었다고 하지만 실제로는 이보다 더 많았을 가

●
●
●

능성이 높다. 상좌부 계열로는 상좌부上座部, 설일체유부說一切有部, 계율부戒律部, 법상부法藏部, 화지부化地部, 경량부經量部 등이 있었다. 대중부 계열로는 대중부大衆部, 설산부說山部, 정량부正量部, 무거부無擧部, 북산주부北山住部, 동산주부東山住部 등이 있었다.

이 중 '설일체유부'는 후기 부파불교에서 가장 영향력 있는 학파 중 하나로 자리매김하였고, 아비달마阿毘達磨, Abhidharma 철학을 체계화했다. '경량부'는 불교 철학을 더욱 심오하게 발전시켜 이후 대승불교 사상 형성에 커다란 영향을 미쳤다.

부파는 이후 지역적으로 남방과 북방으로 전파되었다. 남방불교는 스리랑카, 태국, 미얀마로 전파되면서 상좌부 불교의 전통을 이어갔고, 북방불교는 인도 북부, 중앙아시아, 중국, 한국, 일본 등으로 전파되면서 대승불교로 발전해 나갔다.

부파불교 중 아비달마 불교에서는 사성제를 관찰하여 지혜를 얻고, 무지를 타파하여 괴로움을 해소한다고 하였다. 산스크리트어로 아비Abhi는 '위로', '초월한', '뛰어난', '심오한' 등을 뜻하며, 다르마Dharma는 '법', '진리', '가르침' 등을 뜻한다. 즉, 아비달마란 '더 높은 법', '초월적 가르침', '심오한 진리' 등으로 이해될 수 있다.

부파불교 중 설일체유부說一切有部, Sarvāstivāda 불교에서는 사성제를 각각 4개의 특질行相로 나누어 관찰한다. 그래서 이것을 사제십육행상四諦十六行相이라고 한다. 고苦를 살피는 고성제苦聖諦는 비상非常 또는 무상無常, 고苦, 공空, 비아非我 또는

●
●
●

무아無我라는 네 개의 특질로 나눈다. 집集을 살피는 고집성제苦集聖諦는 인因, 집集, 생生, 연緣이라는 네 개의 특질로 나눈다. 멸滅을 살피는 고멸성제苦滅聖諦는 멸滅, 정靜, 묘妙, 리離라는 네 개의 특질로 나눈다. 도道를 살피는 고멸도성제苦滅道聖諦는 도道, 여如, 행行, 출出이라는 네 개의 특질로 나눈다.

고성제는 몸을 가진 인생에 괴로움이 있는 까닭을 살펴서 여기에 매달리지 않도록 하는 것을 말한다. 태어나 살아가면서 사람이 괴로운 것은 비상非常, 非恆, Asāmānya하고 무상無常, Anitya한 현실에 부딪히기 때문이다. 비상이란 "항상 그대로인 것은 없다"라는 뜻이고, 무상이란 "영원한 것은 없다"라는 뜻이다. 사람들은 모든 좋은 것들이 변하지 않고, 사라지지 않고, 죽지 않고, 늘 영원히 그대로 있기만을 바라고 원하지만 현실은 그렇지 않고 변화무쌍하여서 필연적으로 괴롭기 마련이라는 것이다. 비상하고 무상한 현실을 직시하며 받아들여 현명하게 대처하라는 뜻이다. 삶은 고통스럽고 공허하며, 그토록 오매불망 아끼고 지켜온 자기 존재조차 사실은 아무것도 아닌 것이니 얼마나 괴롭겠냐는 뜻이다. 이를 해맑게 받아들이라는 뜻이다. 비아나 무아를 받아들이지 못하고 '아상我相'에 집착하면 할수록 괴로움과 고통은 영원히 떠나지 않는다. 자아와 세상의 공허함을 늘 인정하고 받아들여야 괴로움의 덫에서 벗어날 수 있다.

고집성제苦集聖諦는 숨 쉬고, 물 마시고, 밥 먹고, 행동하면서 항상 괴로움의 원인을 만들고因, 괴로운 원인에 집착하여 더

큰 괴로움을 일으키고集起, 또 다른 괴로움을 발생시키며生, 또 다른 인연으로 괴로움의 원인緣을 만들어 가고 있기에 이런 인과 관계를 중단하여야 함을 말한다.

고멸성제苦滅聖諦는 열반의 경지를 묘사하고 있기에 그 4상四相도 열반의 상태를 말한다. 탐욕과 갈애渴愛를 소멸하고滅, 번뇌를 잠재워 고요하게 하며靜, 지극히 오묘한 마음으로, 재앙과 화마로부터 떠나離는 경지에 들기를 목표로 수행한다.

고멸도성제苦滅道聖諦는 팔정도의 올바른 길道을 행하고, 있는 그대로의 실체와 진리를 여실히 아는 여실지如實知에 함께 하고如, 올바른 열반의 길을 수행하고行, 미혹된 길에서 떠나는 것出을 말한다.

이렇게 선정禪靜에 드는 삶을 살면서 늘 사성제를 관찰하면서 지혜를 얻고, 무명을 타파하면서 괴로움을 단멸하여 나가는 것이 초기 부파의 방편이었다.

3. 대승불교의 출현

1) 대승불교의 뜻

대승大乘이란 '큰 수레'를 뜻하는 산스크리트어 마하야나 Mahāyāna를 한문으로 번역한 말이다. 작은 수레를 뜻하는 소승 小乘 즉 히나야나Hīnayāna와 구별하는 뜻으로 이렇게 불렀다.

불교의 두 흐름인 소승불교와 대비되는 개념으로 대승불교 라 이름하였다. 대승불교란 이름은 대승교도들이 자신을 대승 이라고 부르고, 그 이전의 부파불교 교단들을 가리켜 소승이라 고 낮추어 부르는 데서 유래되었다. 부파불교는 불교 교리를 지나치게 어지럽게 전개하면서 불교를 일부 출가자들만의 전 유물로 전락시켰다고 비판하였다. 또한 부파불교는 출가한 수 행자들이 중생에 대한 이타행利他行보다는 자신들의 수행 목표 인 아라한과阿羅漢果를 얻기 위한 자리 추구에만 몰두하는 폐 단도 낳았다. 대승불교를 추구하는 이들은 부파불교의 이러한 폐단을 일소하면서 모든 중생을 깨달음과 해탈의 경지로 함께 인도하겠다는 보살의 자비심과 포용성을 강조하는 정신을 실 천하려 하였다.

●
●
●

2) 대승불교의 특징

(1) 보살행菩薩行의 중시

대승불교는 이상적인 수행 방식으로 모든 중생을 구제하려는 보살의 길을 설정한다. 깨달음을 이루겠다는 보리심菩提心으로써, 자비심과 지혜를 바탕으로 중생을 돕는 것을 주요 실천 요강으로 설정한다. 바로 이 점이 개인의 열반에 더 집중하는 소승불교와 다른 점이다.

(2) 공空 사상

'공' 사상이란 모든 존재와 현상이 본질적으로 실체가 없다는 것을 말한다. 이 공 사상은 반야심경, 금강경 등에서 강조되고 있다. 용수龍樹보살의 중관사상中觀思想이 대승불교 철학의 주요 내용이다.

(3) 불성佛性 사상

모든 중생은 본래 불성을 지니고 있다. 따라서 누구나 깨달음을 이루어 부처가 된다는 사상을 기본으로 한다. 바로 이 점이 출가자를 중심으로 생각하는 소승불교와 다른 점이다.

(4) 경전의 다양성

대승불교는 법화경, 화엄경, 열반경, 반야경 등 다양한 경전을 중요 교재로 삼아 공부하고, 사유하고, 수행한다.

(5) 관음신앙과 정토사상

관세음보살, 지장보살 등 여러 보살에 대한 신앙도 이어서 발전하였다. 또한 아미타불을 염하는 서방정토사상도 대승불교의 중요한 내용이다.

(6) 대승불교의 주요 종파

① 중관파: 용수가 체계화한 공 사상을 기반으로 한 철학적 종파
② 유식파: 세친世親과 무착無着이 발전시킨 사상으로, 모든 것은 마음의 작용임을 강조
③ 화엄종: 화엄경을 중심으로 우주의 조화와 상호 의존성을 강조
④ 정토종: 아미타불의 서방정토 왕생을 염원하는 신앙이 중심
⑤ 선종: 직관적 깨달음頓悟(돈오)을 강조하는 수행법

3) 대승불교의 확산

대승불교는 인도를 중심으로 발전한 후 중국, 한국, 일본, 티베트 등 동아시아와 히말라야 지역으로 널리 퍼졌다.
① 중국: 천태종, 화엄종, 정토종, 선종 등 다양한 종파가 형성
② 한국: 삼국시대에 유입되어 화엄종, 선종 등이 발전
③ 일본: 정토종, 진언종, 천태종, 선종 등이 크게 발전

4) 대승불교의 사회적 의의

대승불교는 개인의 깨달음을 넘어, 자비와 지혜를 바탕으로 사회와 중생의 행복을 추구하는 불교의 이상을 실천한다. 모든 중생이 함께 해탈할 수 있다는 포용성과 희망의 메시지를 보낸다.

대승불교는 다양한 흐름 속에서도 하나의 통일성을 지향하였다. 즉 지혜와 실천이 그것이다. 지혜는 법을 깨달아가는 바탕이요, 실천이란 중생을 향한 자비심의 수행을 실천하는 것을 말한다.

대승불교는 이 요소를 동시에 갖추어야 한다는 통일된 입장을 지키고자 한다.

4. 선종

1) 선종禪宗의 기원과 역사

선종은 좌선坐禪과 직관적인 깨달음을 뜻하는 돈오頓悟을 중시하는 수행법을 특징으로 한다. 인도에서 시작되었지만, 중국에서 독자적인 형태로 발전하였다.

(1) 선종의 뿌리

부처가 영취산에서 법을 설할 때, "아무 말 없이 연꽃 한 송이를 들어 보이자拈華", 제자 중 마하가섭만이 미소를 지으며 그 뜻을 깨달았다. 바로 이 미소가 말이 아닌 마음으로 전하는 가르침의 상징이다. '불립문자不立文字'의 가르침이다. 스승이 깨달음을 제자의 마음에 직접 곧바로 전달하는 경지다. 이 미소는 언어와 개념을 초월한 깨달음, 순수한 직관, 깊은 공감을 상징한다. 바로 이 염화미소拈華微笑을 선종의 시작으로 본다.

(2) 중국 선종의 시작

달마達磨, Bodhidharma는 5~6세기에 인도에서 중국으로 건너온 선사禪師다. 중국 선종의 시조로 불린다. 달마는 '직지인심直指人心, 견성성불見性成佛'을 강조하며, 참선 수행으로 깨달음을 추구했다. 달마의 법은 제2조 혜가慧可에게 전해졌다. 이후 중국에서 독자적인 선종이 발전하였다.

• • •

2) 중국 선종의 유파 전개

(1) 육조 혜능六祖慧能과 남북선南北禪 분열

제6조 혜능慧能(638~713)은 선종에서 중요한 인물 중 한 명이다. 혜능은 돈오頓悟를 강조했다. 그는 "본래부터 깨달음은 존재하며, 특별한 수행 없이도 즉시 깨달을 수 있다."라고 주장했다. 반면 신수神秀(606~706)는 '점진적인 수행을 통한 깨달음'을 강조했다. 이로 인해 선종은 두 갈래로 나뉘었다.

구분	북종선	남종선
대표 인물	신수神秀	혜능慧能
수행 방법	점진적인 깨달음漸修(점수)	즉각적인 깨달음頓悟(돈오)
가르침	좌선을 꾸준히 수행하며 마음을 깨끗이 해야 한다.	본래부터 부처이므로 즉시 깨달음을 얻을 수 있다.
전개	궁정 중심으로 존중받았으나 점차 쇠퇴	선종의 주류가 되어 후대 오가칠종五家七宗을 형성

이후 혜능의 남종선이 중국 선종의 주류가 되었다.

(2) 선종의 오가칠종伍家七宗

혜능 이후 선종은 오가伍家로 나누어졌다. 일부는 다시 분파하여 칠종七宗으로 전개되었다.

오가	대표 인물	특징
임제종臨濟宗	임제의현臨濟義玄	강한 화두 수행, 직설적인 깨달음 유도 (할喝, 방망이棒)
조동종曹洞宗	동산양개洞山良价 조산본적曹山本寂	묵조선(默照禪, 조용히 좌선하며 깨달음)
운문종雲門宗	운문문언雲門文偃	한 마디로 깨닫게 하는 선禪을 강조
법안종法眼宗	법안문익法眼文益	신비적 요소와 불교 철학적 해석 강조
위앙종潙仰宗	위산영우潙山靈祐 앙산혜적仰山慧寂	자연스러운 수행 강조, 정교한 가르침

(3) 오가칠종伍家七宗 분화

위앙종潙仰宗과 법안종法眼宗은 시간이 지나면서 점차 쇠퇴하였다. 임제종臨濟宗은 황룡파黃龍派와 양기파楊岐派로 분화하여 오가에서 칠종七宗으로 전개되었다. 오늘날 중국과 한국에서는 임제종과 조동종이 가장 큰 영향력이 있다.

3) 선종의 주요 선사들

① 달마達磨, Bodhidharma는 중국 선종의 시조다. 중국에서 9년간 벽을 보고 수행壁觀하였다. 혜가慧可에게 법을 전하고 선종의 기반을 마련하였다.

② 혜능慧能, Huineng은 선종을 중흥시킨 조祖다. "불성은 본래 깨끗하므로, 즉시 깨달을 수 있다."라는 주장을 펼쳤다. 『육조단경六祖壇經』에서 돈오 사상을 정립하였다. 선종의 남종南宗을 확립하며 중국 불교의 중심이 되었다.

③ 임제의현臨濟義玄, Linji Yixuan은 임제종의 창시자다. '할喝'과 '방망이棒'로 강력한 법문을 펼쳤다. "마주치는 순간 깨닫게 해야 한다."라는 가르침을 강조하였다. 그의 사상은 일본 선종인 임제종臨濟宗, 린자이슈에도 큰 영향을 주었다.

④ 조동종曹洞宗의 동산양개洞山良价와 조산본적曹山本寂이 있다. '묵조선默照禪'의 수행 방식을 강조하였다. 조용히 마음을 관찰하고 깨달음을 얻는 방식을 말한다.

• • •

4) 선종의 확산 – 한국과 일본으로

(1) 한국 – 선종과 조계종

보조국사 지눌知訥(1158~1210)이 정혜쌍수定慧雙修, 돈오점수頓悟漸修를 주장하였다. 임제종 계통이 한국에서 '조계종曹溪宗'으로 정착되었다.

(2) 일본 – 임제종과 조동종

임제종臨濟宗은 에이스 사이榮西가 전래하여 무사 계층에 영향을 미쳤다. 조동종은 도겐道元이 전래하여서 일본 선불교의 중심이 되었다.

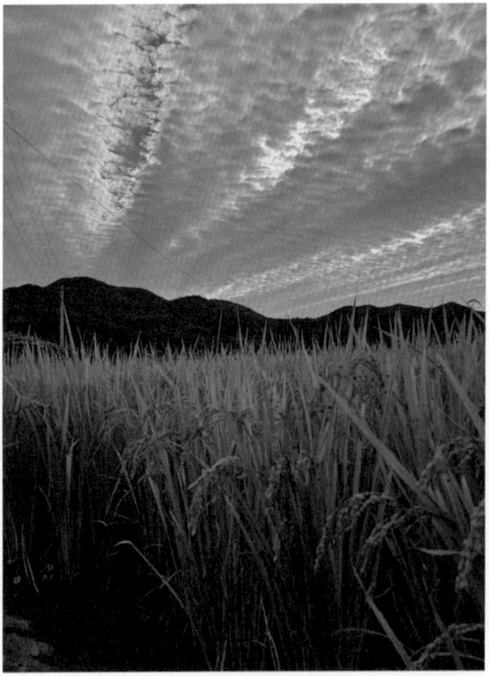

5. 유식

1) 유식파의 의식론

유식론唯識論, Vijñaptimātratā 또는 요가학파Yogācāra는 대승불교에서 발달한 사유 체계다. 유식론은 의식識, vijñāna의 본질과 작용을 주요한 기제機制로 설정한다. 우리가 경험하는 외부에서 들어온 모든 현상은 오직 마음(의식)의 작용으로 구성된 것일 뿐 그 이상도 그 이하도 아님을 강조한다. 외부에서 우리에게 다가오는 존재와 현상은 결국 '오로지 우리 의식唯識'의 작용일 뿐이라는 생각이다. 이를 흔히 일체유심조一切唯心造라 일컫는다. "모든 것은 오직 마음뿐이다."라는 것이다.

유식론은 초기 불교의 인식론적 토대에서 발전하였다. 4세기경 인도의 무착無着, Asaṅga과 세친世親, Vasubandhu 형제가 본격적으로 체계화하였다. 이후 중국 당나라의 현장玄奘, Xuánzàng(602~664)이 유식학을 동아시아로 전파하였다.

무착은 미륵보살의 가르침을 받았다고 전해지는 『유가사지론瑜伽師地論』으로써 유식론의 기초를 세웠다.

세친은 처음에는 설일체유부說一切有部, Sarvāstivāda 계열로 공부하였으나 후에 대승불교로 전향하였다. 『유식이십송唯識二十頌』과 『유식삼십송唯識三十頌』, 『대승아비달마잡집론大乘阿毘

・
・
・

達磨雜集論』을 저술하여 유식론을 체계적으로 구축하였다.

현장은 중국 당나라의 유명한 불교학자이자 번역가로 인도 나란다 대학에서 유식학을 깊이 연구하였다. 『성유식론成唯識論』을 번역하여 동아시아로 전파해서 유식학을 발전하는 데 크게 기여하였다.

유식론의 핵심 개념은 일체유식론一切唯識論, Vijñaptimātratā, 삼자성설三自性說, Trisvabhāva, 팔식설八識說, Eight Consciousnesses 등이다.

앞서 언급한 것처럼 일체유식론은 "모든 것은 오직 의식뿐"이라는 사상이다. 우리가 경험하는 세계는 사실 객관적인 실체가 아니라, 오직 우리의 의식이 만들어낸 현상Vijñapti, 표상에 불과할 뿐이라는 생각이다. 즉, 외부 세계가 독립적으로 존재하는 것이 아니라, 다만 우리 마음이 투영되었을 뿐이라는 주장이다.

2) 괴로움에 대한 인식

부처는 괴로움의 원인을 단멸斷滅하는 방법으로 '사성제四聖諦'와 '팔정도八正道'를 말했다. 이는 불교의 핵심이며, 부처가 깨달음을 얻은 후 '처음 설한 가르침初轉法輪'의 내용이다.

유식론은 괴로움을 해소하기 위하여 현상을 외부의 '물질'과 내면의 '마음'으로 구분하여 설명한다. 하지만 이런 구분은 결정적인 틀이 아니라 이해와 설명을 돕기 위하여 일시적으로 설정한 개념적 경계에 불과하다. 유식론의 기본 명제는 '유식무경唯識無境'으로서 "오직 의식만이 존재하고 외부의 경계는 없다無境."이다. "세계의 사물이나 현상은 외계에 존재하는 것이 아니라 모두 자신의 마음이 만들어 낸 것"에 불과하다는 관점이다. "외부의 독립된 실체는 존재하지 않는다."라는 것이다. 이때 유식唯識이란 수행 과정으로서의 개념이지, 과학적 탐구 대상을 규명하기 위한 개념, 또는 철학적 논변과 자신의 사유를 위한 개념은 아니다.

따라서 '구분'과 '경계'라는 개념은 현상과 의식의 상호 작용을 이해하는 데 일시적으로 필요한 요소이기는 하지만 이를 지속적인 것으로 설정해서는 안 된다. 마치 뗏목을 타고 강을 건넌 후에는 뗏목을 버리는 이치와 같다. '구분'과 '경계'는 달을 가리키는 손가락일 따름이다.

(1) 물질物質과 오감伍感

　우리가 감각으로 확실하게 경험하며 사용하는 모든 물질은 사실 본질을 쪼개어 들어가면 본래 물질의 기반은 없다. 즉 물질의 극미極微 자체가 없다.

　우리가 오감으로 체험할 수 있는 눈앞의 가장 분명한 물질도 여러 가지 상대적인 원인(조건)이 복합적으로 연결되어 하나의 물질 형태로 우리 앞에 놓여 있다.

　"본래는 그 실체가 없다."라는 것은 현대물리학의 연구 결과이기도 하다. 물질을 쪼개어 들어가다 보면 실체는 없어지고 에너지와 빛만 남게 된다. 이 에너지와 빛 또한 일부분은 과학적 기기로 간접 추정할 수 있으나 나머지는 이론적, 관념적으로만 추정할 수 있다.

물질의 변환		
구성 요소	관찰 가능 여부	관찰 방법
물질 Matter	직접 가능	맨눈으로 보고, 손, 발, 피부로 만져서 느낄 수 있음. 즐거움과 괴로움의 조건이 될 수 있음. 카메라, 광학현미경, 기타 기구로 관찰 가능
분자 Molecule	가능	몸의 감각 기관으로 관찰 가능. 냄새, 맛, 성질을 느끼고 관찰할 수 있음. 즐거움과 괴로움의 조건이 될 수 있음. 전자현미경, 원자힘현미경AFM
원자 Atom	가능	몸의 오감으로 관찰 불가능. 몸으로 느낄 수 있는 즐거움이나 괴로움의 직접적인 조건은 아님. 주사터널링현미경STM, 원자힘현미경
원자핵 Nucleus	간접 가능	몸의 오감으로 관찰 불가능 입자 가속기, 방사선 검출기
양성자/중성자 Proton/Neutron	직접 가능	몸의 오감으로 관찰 불가능 버블 체임버, 입자 탐지기
쿼크 Quark	직접 불가능	몸의 오감으로 관찰 불가능 입자 가속기 실험으로 간접 확인
전자 Electron	가능	몸의 오감으로 관찰 불가능 클라우드 체임버, 전자 검출기
양자 Quantum	직접 불가능	몸의 오감으로 관찰 불가능 양자 얽힘, 터널링 실험으로 간접 확인
에너지 Energy	직접 불가능	몸의 오감으로 관찰 불가능 열화상 카메라, 전력계, 방사선 검출기로 간접 감지

위의 표에서 볼 수 있는 바와 같이 우리 몸의 감각 기관으로 관찰할 수 있는 것은 극히 제한된 상태의 물질일 뿐이다. 이 물질 또한 영구적으로 고정된 것이 아니고 에너지와 빛의 형태로 변환되거나, 거꾸로 어떤 조건이 형성된다면 에너지와 빛이 물질로 변화된다.

● ● ●

(2) 외계 대상에 대한 인식의 문제

외계 대상은 즐거움과 괴로움의 원인이다. 우리는 눈 · 귀 · 코 · 혀 · 피부의 다섯 감각 기관伍感을 통하여 몸 밖外界의 색깔과 모습 · 소리 · 냄새 · 맛 · 닿는 감촉을 받아들여 마음(뇌)으로 인식(지각)한다.

유식론은 대상을 인식識. 지각한다는 것에 대하여 외계所緣와 마음形象이라는 두 가지 차원을 설정하여 경계를 나누어 설명하고 있다.

식識		
소연所緣 외계의 대상	**감각 기관** 대상 ⇄ 마음	**형상** 마음속의 모양
몸 밖의 세상. 우리의 감각 기관으로 느낄 수 있는 것도 있고 느낄 수 없는 것도 있다.		외계의 대상이 발산하는 자극을 우리 몸의 감각 기관이 받아들여, 이것을 우리 마음이 만들어 낸 형상, 즉 지각하는 모양임. 이것을 지각상知覺象이라 함. 몸 밖의 것을 마음이 인식하여 마음속에 복사複寫 영상을 만듦.
	←	① 마음이 적극적으로 추구하는 것. 집착으로 인하여 왜곡이 심할 수 있음. 즐거움과 고통의 원인이 되기도 함.
	→	② 마음과 관계없이 외부의 자극이 들어오는 것. 추구하지 않았지만, 외부에서 자극하여 마음으로 파고드는 것. 당시의 마음과 몸이 놓인 상황에 따라 왜곡이 심할 수 있음. 즐거움과 고통의 원인이 되기도 함.
	⇔	③ 외부 대상과 마음의 교류가 있는 것.
	↔	④ 외부 대상과 마음이 서로 무심한 것.

• • •

외부 세계의 대상과 이를 인식(지각)하는 마음과는 절대 같을 수 없다. 왜냐하면 다음과 같은 여러 가지 상황적 조건들 때문이다.

첫째, 지각의 대상은 동일한 순간의 것이 아니다. 대상과 마음 사이에는 비록 찰나刹那라 하더라도 언제나 시차라는 '틈'이 존재한다. 틈이 있는 한 대상과 마음속의 지각상이 똑같다고 주장하는 것은 무리고 모순이다. 마음이란 자기 몸을 통하여 들어온 그 순간의 자극만을 인지하여 마음속에 상으로 재구성할 따름이지 대상의 있는 그대로의 속성을 인지한 것은 아니다. 대상의 시간대도 다르고, 인지하는 시간대도 다르므로 마음은 결코 대상의 속성을 있는 그대로 받아들일 수 없다. 대상을 있는 그대로 받아들이고 늘 틈이 있는 한 결코 대상과 마음은 같을 수 없는 것이다. 그리하여 우리가 인식 또는 인지하여 생각하고, 계산하고, 판단하는 것은 오로지 우리의 주관적인 산출물一切唯心造이지 대상 자체가 아니다. 다만 대상과 유사한 근사치에는 접근할 수 있다. 그리하여 우리의 세상은 우리의 주관적인 것이지 결코 대상 자체가 될 수 없다.

다만 이러한 틈의 차이가 있기에 "대상과 마음의 지각이 영원히 다르다"라고 주장하는 것은 시공時空 무한 분리 가능이라는 추론적 논리 모순에 빠져 "무한 리미트는 존재하지 않는다 $(\lim \infty = 0)$"는 명제에 배치된다. 즉 총알이 나의 머리를 맞추기 위해선 총알과 나 사이에 있는 공간의 중간지점을 통과해야 하고, 또 그 중간의 중간, 그 중간의 중간, …… 을 계속 통과해야

하므로 그 공간의 중간이 있는 한 총알은 결코 나의 머리를 관통할 수 없다는 추론적 논리에 따라 총알이 날아오는데도 가만히 있다가 보면 결국 나는 총알에 맞아 죽게 된다.

마찬가지로 비록 '대상과 나의 마음 사이'에 시간과 공간이라는 틈의 차이가 있다고 하더라도 그 틈이 무한대로 줄어든다면 결국 틈은 없어지고(limit∞ = 0) 내 몸의 대상과 내 마음의 영상이 밀착 일치되어 지각상知覺象은 같다고 해야 마땅하다.

따라서 유식론의 대상과 마음 사이의 '틈새 간극間隙'의 주관성만 강조하다 보면 발등에 떨어진 불덩어리의 뜨거운 고통을 떨어내지 않고 있다가 발등이 데는 고통을 당하게 된다. 즉 대상과 밀착된 마음은 대상과 동일하다고 인정해야 한다.

둘째, 오감伍感이 주는 정보를 처리하는 뇌의 불완전이다. 다음과 같은 인지과학 실험을 보자. 세 개의 물그릇을 준비한다. [왼쪽에 손이 데지 않을 정도의 뜨거운 물그릇 ◁ 가운데에 미지근한 물그릇 ▷ 오른쪽에 얼음 물그릇]. 이렇게 준비해 놓는다. 그리고 왼손을 뜨거운 물그릇에, 오른손을 얼음 물그릇에 약 30초 정도 넣어 둔다. 그런 후 재빨리 손을 빼어 두 손을 동시에 미지근한 물그릇에 넣고 느끼는 감각을 말해보라. 그러면 실험에 참가한 모든 사람은 왼손은 차갑고, 오른손은 따뜻하다고 말한다. 똑같은 사람의 두 손이고, 똑같이 미지근한 물인데 느끼는 온도는 이와 같이 차이가 난다. 이것은 사람의 감각이라는 것도 똑같은 객관적 상황을 있는 그대로 느끼는 것이 아니라 이전 경험의 영향을 받는다는 분명한 실험 증거이다. 사람들의 인지구조는

확실한 객관이라는 것은 없고 이미 경험하였던 일에 영향을 받을 수밖에 없는 주관적 인식(지각)만이 작용한다는 것이다. 마약을 먹은 사람, 술이나 감기약을 먹은 사람, 과거 경험에서 나쁜 트라우마가 있는 사람, 그와 유사한 상황에서 행복한 경험을 한 사람들이 똑같은 상황에 처할 때 똑같이 느끼고, 똑같이 인식(지각)하고, 똑같이 반응하는 것이 아니라, 다르게 느끼고, 다르게 인식하고, 다르게 반응하는 것이 정상이라는 것이다. 즉 유식론에서 주장하는 것처럼 같은 대상에 다른 마음이 충분히 가능함을 증명하는 실험이다.

뇌 자체의 순간적인 판단은 착각이고 오류일 수 있기 때문에遍計所執性 사람들은 차분하게淨化 상황을 살펴보며 애매한 정보를 제거하고 올바른 조건들의 관계를 따지며依他起性 올바른 판단으로 나아가야 한다圓成實性는 주장은 타당하다.

셋째, 인식은 과거 경험 이력履歷의 영향을 받는다. 앞서 인지 과학의 설명과 같이 지난날의 경험이 축적되어 잠재된 기억들이 두뇌가 현재 상황을 판단하는데 알게 모르게 결정적 영향을 끼친다. 정신과 의사들이 정신병 및 심리 치유에서 과거 기억, 잠재의식, 무의식 등을 중요하게 다루는 것은 바로 이런 이유에서다.

마찬가지로 사람의 몸이라는 물질도 죽어서 모든 것이 해체되어 사라지고 에너지화되어 보이지 않고, 그 에너지가 다시 가없는 무無와 공空으로 깨끗하게 되돌아간다고 하더라도, 그 알 수 없는 살아생전 경험의 흔적이 존재하면서眞空妙有 지

금의 나에게 영향을 끼치고 있음阿賴耶識의 작용이 가능하다는 추론이다. 그리하여 좋은 경험은 좋은 업業으로, 좋은 업은 좋은 명命이라는 추론도 불가능한 것은 아니다.

유식론에서는 이런 아뢰야식阿賴耶識(一切種子識, 藏識)의 작용이 사람들을 비롯하여 모든 유·무형의 존재·동물·식물 등 생명체들에게 영향을 미친다고 말한다. 예컨대 일수사견一水四見이라는 말이 그것이다. 이는 유식唯識 또는 중관中觀사상을 설명하는 비유로서 똑같은 물을 보더라도 반응하는 것은 생명의 본질에 따라 다르다고 말한다. 물이 보통 사람들에게는 마실 수 있는 '맑은 물淸水'로 보이고, 아귀餓鬼에게는 '불타는 불꽃炎火'으로 보이며, 고기들이나 물속 생물에게는 '자신의 집住處'으로 보이고, 깨끗한 복덕의 업을 지닌 천상계의 존재天人에게는 물이 불사不死의 영약靈藥인 감로수甘露水로 보인다는 것이다.

공空의 관점에서 보자면 물은 본질적으로 '고정된 실체'가 없는데無自性, 다만 저마다의 업력業力, Karma에 따라 다르게 인식될 따름이다. 탐욕스러운 업력을 지닌 자에게 물이 불로 보이고, 복덕의 업력이 많은 자에게는 감로로 보이며, 인습으로 살아가는 이들에게는 평범하게 사는 곳이나 마실 물로 인식되는 것이다.

또 하나의 예화가 있다. 유식사상唯識思想의 중심 사찰로 이름난 일본 나라奈良현 흥복사興福寺 남쪽에 작지만 아름다운 연못 원택지猿沢池가 있다. 이 연못에는 '손뼉 치는 전설拍手の伝

IV. 불교의 앎 · 219

．．．

說'이 있다. 홍복사에 한 젊은 승려가 있었는데 어느 날 원택지 근처를 산책하다가 눈부시게 아름다운 여인을 만났다. 그녀는 은은한 미소를 지으며 승려에게 말을 걸었고, 이후 두 사람은 자주 만나게 되었다. 승려는 점점 그녀에게 마음이 끌려 수행의 길에서 벗어나려는 유혹에 빠졌다. 그렇게 갈등하면서 지내는 중에 어느 날 승려는 이상한 꿈을 꾸었다. 꿈속에서 한 노승이 나타나 말했다. "그 여인은 사람이 아니다. 그녀가 진짜인지 확인하려거든, 손뼉을 쳐 보아라." 다음 날 승려는 평소대로 원택지로 가서 그 여인을 만났다. 두 사람은 평소처럼 이야기를 나누다가, 승려가 조심스럽게 손뼉을 쳤다. 그 순간 여인의 모습이 사라지며 물속으로 가라앉아 버렸다. 물결이 일렁이며 여인의 얼굴이 잠깐 떠올랐다가 이내 사라졌다. 승려는 충격을 받았지만, 동시에 유혹과 집착에서 벗어난 자신을 깨닫게 되었다. 여인은 요괴 또는 원혼이었다는 설이 많다. 하지만 여인은 실체가 없는 자기 마음의 욕망이 투영된 것에 지나지 않는다.

손뼉 소리에는 요괴뿐만 아니라 다른 존재들도 제각기 자기 업에 따라 반응이 다르다. 그 소리를 듣고 잉어는 먹이를 주는 줄 알고 물속에서 튀어 오르고, 새는 놀라서 도망가며, 시중드는 여인은 차茶를 달라고 재촉하는 소리로 받아들여 허겁지겁 마음이 바빠 종종걸음을 재촉한다. 마음을 찾는 승려는 망상을 지우고 해맑아진다.

이는 존재의 본질은 고정되어 있지 않으며, 보는 존재의 업業과 마음 상태에 따라 달리 인식된다는 것을 말하는 비유다.

불교에서는 고苦를 외부 세계의 대상이나 조건으로 보지 않고, 외부 세계의 대상이나 조건이 마음으로 들어와 마음이 인식한 것을 전생 또는 현생에서의 지난날 경험이나 업業이 작동하여 이것을 주관적으로 해석한 것으로 본다.

수행을 위한 구체적인 행동은 여러 가지가 있을 수 있으나 다음의 행동을 올바르게 수행하는 것이 중요하다.

먼저 관찰觀하는 것이다. 명상과 자각이다. 자신의 마음과 인식 구조를 객관적으로 관찰하도록 노력한다. 자신의 의식을 관찰하여 아집我執과 법집法執이라는 집착을 자각한다.

다음으로 마음을 정화하는 수행이다. 마음을 비우는 수행을 한다. '나'라는 고정된 자아가 없음을 인식하고無我, 아뢰야식阿賴耶識에 쌓인 업장을 정화하여 불이법不二法에 통달하도록 한다.

깨달음과 지혜를 실현하도록 노력한다. 사물과 존재의 본질을 깨닫고, 그것을 일상생활에 적용하도록 자각한다(惡).

수행을 멈추지 말고 지속적으로 실천한다. 명상, 참선, 자비 실천 등으로 번뇌를 줄이고 마음을 청정하게 한다(修行).

번뇌에서 벗어나도록 노력한다. 해탈의 수행을 한다. 우리가 경험하는 고통은 의식이 만들어낸 것이므로, 바른 지혜(般若)로 이를 초월해 나가도록 한다.

전식득지轉識得智는 수행자가 번뇌에서 벗어나 깨달음으로 나가는 핵심 과정이다. 자기의 마음을 이치와 하나가 되도록 자각한다. 외부 세계를 바꾸기보다는 자신의 인식을 변화시키는 것이 중요하다. 단순한 깨달음에 그치지 않고, 그 지혜를 바탕으로 타인을 위한 자비로운 행동을 실천하는 삶을 자각해 나간다.

•
•
•

3) 유식론의 현대적 의미

과학기술 문명과 인공지능이 발전할수록 유식론의 이론 체계와 수행 방식은 다른 어떤 철학 이론이나 과학적 방식보다 각광을 받는다.

첫째, 심리학과의 연결이다. 정신병 치유와 심리 치유에서 주요하게 생각하는 무의식의 개념은 유식론의 제팔식第八識 개념과 유사하다. 제팔식인 아뢰야식은 프로이트의 무의식 개념과 연결하여 연구할 수 있다.

둘째, 인공지능 및 인지과학과의 접목이다. 유식론의 "의식이 현실을 구성한다."라는 개념을 인공지능 및 가상현실 연구 가설과 연결하여 연구해 나갈 수 있다.

셋째, 명상과 '마음 챙김Mindfulness'의 실천이다. 유식론의 수행법은 현대 명상과 마음 챙김 실천과 밀접한 관련이 있다.

유식론은 '모든 것은 오직 마음뿐一切唯心造'이라는 사상을 바탕으로, 의식의 작용과 현실의 본질을 탐구하는 중요한 불교 철학이다. 이는 단순한 사유의 영역에 머무는 것이 아니라, 번뇌에서 벗어나 해탈에 이르는 수행의 핵심 원리로 활용될 수 있다.

유식론의 깊은 통찰은 현대의 심리학, 인공지능, 명상과도 연결될 수 있어, 21세기에도 여전히 중요한 의미를 지닌다.

6. 중관학

1) 중관파의 인식론

중관파中觀派, Mādhyamaka는 대승불교의 대표적인 철학 사상으로, 그 창시자는 용수龍樹, Nāgārjuna(150~250)다. 용수는 남인도 출신으로, 초기에는 브라만교 철학을 공부하다가 후에 불교에 귀의했다. 그는 대승불교의 사상적 전환점을 마련한 인물이다. 그는 중관사상의 핵심 경전인『중론中論』,『대지도론大智度論』,『보리심론菩提心論』을 저술하였다.

용수는 '무아無我 사상', '연기緣起 사상', '공空 사상'을 융합하여 자신의 사유 체계를 확립하였다. 그는 "모든 존재와 현상은 본질적 실체가 없다."라는 사상을 나름대로 체계적으로 분석했다. 그리고 자기 사유를 정립하기 시작했다.

용수는 현상을 이해하고 자기 사상을 정립하기 위해 두 가지 명제二諦, Two Truths를 가설적 진리로 설정하였다. 하나는 '속제俗諦, Conventional Truth'이고, 다른 하나는 '진제眞諦, Ultimate Truth'였다. 속제는 우리가 일상에서 경험하고 있는 사회적 이치를 말한다, 예컨대 언어, 개념, 인과 관계 등이 그것이다. 진제는 모든 현상이 본질적으로 공空하다는 명제인데 용수는 이것을 궁극적 진리라고 단언했다. 속제는 실체가 있는 것처럼

·
·
·

보이지만, 진제의 관점에서 보면 모든 것은 공하여 실체란 실제 없는 것이기에 속제는 사실 공허하다. 그렇지만 우리가 숨 쉬고 밥 먹으며 살아가는 일상생활을 부정할 수 없듯이 속제 또한 부정할 수 없기에, 오히려 일상생활 속에서 이런 속제들을 사용하여 진제에 도달할 수 있도록 해야 한다.

이런 인식으로 용수는 붓다의 가르침을 철저히 분석하여 모든 존재와 현상의 본질이 '공空, Śūnyatā'임을 단언하였다. '공'이란 모든 현상法, Dharma이 본질적 자성自性, Svabhāva을 가지지 않는다는 것을 의미한다. 이때 '공'이란 본래 본질적 자성이 특정의 속성으로 있는 것이 아니라 다만 '텅 비어 있음'을 말한다. 이런 의미에서 공이 지칭하는 것은 절대로 허무주의가 아니다. 용수는 "아무것도 존재하지 않는다."라고 말하는 공 사상을 허무주의로 오해하지 않도록 무척 경계하였다. 그래서 "공은 모든 것이 무無가 아니라, 다만 고정된 실체가 없다는 것을 뜻하는 말이다."라고 '공'의 의미를 거듭 강조하였다.

용수는 모든 "존재를 '있음' 또는 '없음'이라는 극단을 초월하여 다만 어떤 인연因緣에 따라 조건적으로 나타나는 것"으로 보고, "고정된 본질이 없다."라고 확언한다. 이런 사유 체계가 바로 '공空 사상'이다. 중관파의 사상은 바로 '공'에서 출발한다.

2) 중도

중관파는 유파의 이름대로 '중도中道, Madhyamāpratipad'를 주장한다. 중도라는 것은 '유有, 존재'와 '무無, 비존재'라는 양극단을 버리고, 그 중간의 길에 따르는 것을 말한다. 용수는 존재론적 입장에서 세상만사 모든 것이 "있는 그대로 그것이 실체"라고 강변하는 실체론적 존재 주장과 "있는 그대로 눈에 보이는 모든 것은 허망하다."라는 허무주의자들의 주장 등 양극단의 주장을 모두 부정하였다. 그리하여 그는 중도를 주장했다.

그는 『중론中論, Mūlamadhyamakakārikā』에서 "모든 것이 공空하기에, 태어나지도 않고 사라지지도 않으며, 오지도 않고 가지도 않는다一切法空, 故 , 不生不滅 , 不來不去."라고 하였다.

'공 사상'에 의하여 중관파는 "괴로움苦이란 본래부터 실체가 없다."라고 본다. 괴로움이 나타나는 것은 괴로움의 실체가 없는데도, 실체가 있다고 '보고觀' '말戲論'하는 데에서 생겨난다고 주장한다. 나아가 괴로움이 생기는 까닭은 본래부터 실체가 없는 것을 실체가 있다고 잘못 인식하면서 "실체라고 믿는 환상"에 사로잡혀 여기에 집착하기 때문이라고 한다.

3) 집착

괴로움을 일으키는 잘못된 인식에 집착하는 사례들을 열거하면 다음과 같다.

첫째, 자성 집착自性執着이라는 괴로움이다. 자성自性, Svabhāva이란 "스스로 변하지 않는 고정된 본질"이나 "자체적으로 존립하는 독립적 특성"을 말하며 이는 분리될 수가 없다. 예를 들어, "나는 본래 이런 사람이야." "이것은 본래 이런 것이야." "그 사람은 본래부터 그래." 등과 같이 생각하거나 믿는 것을 말한다. 하지만 자성이란 여러 조건이 우연히 모여서 만들어지는 것으로서 본래부터 없었던 것이다. 그런데도 사람들은 그런 '자성'들이 처음부터 실체로 존재한다고 확고하게 믿으면서 아무런 검토나 생각이 없이 여기에 '집착'하는 습성에 빠진다.

그렇기에 괴로워할 필요도 없는 쓸데없는 괴로움苦을 스스로 만들어 고통스러워한다. 그리고 괴로움을 떨쳐버리지 못하고 하염없이 번뇌한다. 이것을 '자성 집착'이라 한다. 자성 집착은 끊임없는 비교, 분별, 집착을 낳아 고통의 근원이 된다. 특히 인간은 자기 보호, 자기 추구를 본능적으로 하는 사회적 동물이라 자연 공간과 다른 동물, 다른 사람들을 보면 대개 방어적이거나 공격적이다. 유불리, 피해, 이득의 환상을 만들며, 자기가 만든 환상을 보고 비교, 분별, 집착하면서 두려워하고 괴로워한다. 이것이 괴로움의 실체다. 용수는 바로 이 자성 집

착이 잘못된 인식이고 오류라고 말한다. 본래 존재나 현상이란 공空하고 무상無常하여 항상 변하며 고정된 자성이란 없는데, 이것을 본질적으로 변하지 않는 고정된 실체라고 생각하고 집착하는 오류를 범하면서 괴로워한다. 이것이 자성 집착이라는 허망한 괴로움의 실체다.

둘째, 무아無我에 대한 집착이다. '나'를 설정하여 '나'와 '내 것'에 대한 집착이다. '나'라는 고정된 자아我나 나의 소유에 대한 집착이다. 이것이 괴로움을 만든다. 모든 것이 무상無常하고 변화하는데, 고정된 자아나 본질에 집착하여 이를 기어코 지켜나가려 하면 자연스러운 삶의 흐름에 적응하지 못하여 괴롭게 된다.

셋째, 변화를 인정하지 못하고 과거나 현재에 집착하여 변화에 저항하는 마음이다. 변화에 저항하는 마음이 격렬하게 일어나 괴롭힌다. 내 마음은 익숙한 과거에 머물며 편한 습성에 머무르고 싶은데 사물과 상황은 급변한다. 이렇게 변하는 현상에 대하여 어쩌지 못하고 마지못해 저항하면 참으로 괴롭다.

넷째, 사물에 대한 집착이다. "금은 본질적으로 귀하고, 돌은 본질적으로 쓸모없다."라는 식으로 사물에 항구적 가치를 부여해 버린다. 그러나 이런 가치들은 상황과 관점에 따라 언제든 바뀐다.

다섯째, 관념에 대한 집착이다. 스스로 자유로울 수 있음에도 스스로 어떤 관념에 사로잡혀 자기 자신을 괴롭힌다. 스스로 설정한 관념의 허위에 매몰되어, 이것에 집착하고 놓지 못한다. 괴로움과 번뇌가 그치지 않는다. 관념에의 집착은 마음을 가두고, 참된 해탈과 지혜에 이르는 길을 방해한다.

여섯째, 구분과 분리다. 경계가 없는데 경계를 만들어 구분하고 분리하여 스스로 괴로워한다. '나와 타인', '좋음과 나쁨' 등으로 구분하고 양분하여 한없이 번뇌를 일으킨다.

4) 단멸법

중관파는 괴로움의 본질이 외부 사물이 아니라, 그 사물에 대한 '실체적 집착', 즉 '자성 집착'에 있다고 보며 이를 단멸하는 방법인 단멸법斷滅法으로 다음과 같이 제시한다.

첫째, 일체 모든 것들의 '공성空性'을 올바르게 보아야 한다. 모든 것들이 인연因緣 따라 생겨나고, 인연 따라 변하고, 인연 따라 사라진다는 '공성'을 올바르게 깨닫는 것이 괴로움에서 벗어나는 가장 올바른 방법이다. 거듭 주장하지만 공은 허무가 아니다. 다만 텅 비어 있음이다.

둘째, 연기緣起를 직접적으로 체험한다. "이것이 있으므로 저것이 있다." "현상은 원인과 조건의 상호 작용으로 존재하며, 독립된 실체는 없다."라는 명제들을 직접적으로 체험한다.

용수는 '연기緣起, Pratītyasamutpāda'와 '공空'을 통합하여 설명하였다. 모든 존재는 독립적으로 존재하는 것이 아니라, 원인과 조건에 의존하여 발생한다고 보았다. 용수는 "공이 바로 연기이고, 연기가 바로 공"이라고 보았다.

•
•
•

5) 용수 중론의 내용

용수는 『중론』에서 다음과 같이 말하였다.

"연기로 이루어진 모든 법은 공하다. 공은 가명假名일 뿐이며, 이 가명이 바로 중도中道다(緣起性空, 空即是假名, 假名即中道)"

이를 다음과 같이 풀어 볼 수 있다. "모든 것은 연기에 의해 존재하며, 연기를 이해하는 자는 공을 이해한다. 공을 이해하는 자는 중도를 이해한다. 공과 중도를 이해하는 자는 모든 괴로움에서 벗어난다."

셋째, 무아無我에 대한 통찰이다. 고정된 자아란 없다는 것을 명상과 수행을 통하여 확연히 체험하도록 노력하여야 한다.

넷째, 정견正見에서 벗어나지 않도록 노력한다. 사물과 존재와 현상을 늘 해맑게 관찰하고 자각해야 한다. 깨어있는 자세로 살도록 노력해야 한다. 깨어있는 수행자의 마음으로 자신의 생각과 감정, 집착을 객관적으로 관찰하며 깨달아 나가는 삶을 살아야 한다.

다섯째, 자기가 집착하고 있는 이분법적 사고를 해체하여 괴로움에서 벗어나야 난다. 존재↔비존재, 참↔거짓, 생↔멸 등과 같이 대립적으로 구분하는 이원적 사고를 초월해야 한다. 그런 사유 방식에서 빠져나와야 한다. 사물이나 현상을 어느 한쪽으로 규정하지 않는 것을 중도中道라 한다.

여섯째, 이분법적 사고에 이어지는 것으로서 분별 의식을 제거해야 한다. 분별로 인하여 갖가지 사물을 알게 되고, 갖가

지 사물을 알게 됨으로써 갖가지 사물에 집착한다. 우리가 사용하는 말, 언어에서 다양한 분별이 발생한다. 이렇게 분별하는 의식 구조를 변화시키기 위해서는 언어의 역할이나 본질을 잘 알아야 한다. 언어의 기능과 역할, 언어 구조의 파장波長이 매우 강력하고 크기 때문이다. 특히 대승불교에서는 말, 언어, 언어 구조, 언어 구조에 의한 사유 방식 등에 세심하고도 각별한 주의를 기울인다. 말이나 언어를 통하여 사물을 파악하고 해석하여 분간하고, 구분하여 설명하려 하는 사이, 자기도 모르게 사물에 집착하게 된다. 그러는 과정 중에 희론戱論으로써 진리를 획득할 수 있다고 착각한다. 언어로 인하여 일어나는 식識 또한 마찬가지다. 잘못되거나 왜곡된 식識은 오히려 무지보다 못하다. 그래서 말이나 언어를 중단하는 것도 하나의 방편이 된다. 언어의 본질을 정확히 간파하여 공성空性을 바르게 이해함으로써 언어로 인하여 발생하는 분별 구조를 단멸斷滅해야 한다는 것이 용수의 주장이다. 이런 입장에서 중관파는 언어의 긍정적인 면보다 부정적인 면에 더 주의를 기울였다. 바로 이 점이 유식학파와 다르다. 유식학파는 말과 언어 그리고 식識의 유의성을 주요 방편으로 설정하고 있다.

일곱째, 이러한 희론戱論으로부터 빠져나와야 한다.(희론과 논쟁은 비슷해 보이지만 다르다. 희론은 즐기기 위한 대화고, 논쟁은 설득하거나 이기거나 방어하기 위한 대화다.) 대신 '공성'에 대한 올바른 이해를 바탕으로 우리가 모르는 사이 일상적으로 집착하여 고집스럽게 사용하고 있는 관념, 인식 구조. 사유 체계를 해맑게 살펴서 올바

르지 못한 방식은 타파해야 한다. 말과 언어와 사유 체계를 올바른 방향으로 설정하여 사용해야 한다. 그러기 위해서는 우리가 늘 쓰고 있는 말과 언어를 올바르고 해맑게 가다듬어 사용하도록 지속적으로 노력해야 한다. 언어를 매개로 자기 사유自己思惟 또는 일상 대화 속에서 일으키는 이원론적 구분 짓기, 실체론적 구조주의가 오류일 수 있고, 허구적일 수도 있음을 항상 자각하고 올바르게 점검하면서 사용해야 한다.

용수는 팔정도의 '정어正語, Sammā Vāca'에 근거하여 '희론'을 강력하게 경계한다. '정어'는 공자가 말한 '정명正名'과 같다. 올바른 말, 올바른 이름을 사용해야 한다는 말이다. 쓸데없는 말, 알맹이 없는 말, 비틀어 왜곡시킨 말에서 필요 없는 번뇌, 필요 없는 분별이 나타나고, 분별이 미혹으로 빠지게 하고, 번뇌에 기인한 업들이 생겨나서 해탈을 방해하기에, '희론'의 공허함을 정확하게 깨달아야 한다고 주장한다.

희론을 산스크리트어로 프라판차Prapañca라고 한다. 프라pra-는 '앞으로', '밖으로', '강조'의 의미를 지닌 접두사고, 판차pañca는 '다섯'이라는 뜻이지만, '확장' 또는 '펼치다'의 의미로 해석된다. 그래서 프라판차는 확장, 확산, 분화, 복잡화라는 뜻과 더불어 세상 또는 우주의 다양성, 복잡성, 단순한 본질에서 끝없이 펼쳐지는 복잡한 현상을 뜻하는 말로 쓰이기도 한다. 또 희론을 단순한 유머나 개그가 아닌 이를 뛰어넘은 지적 유희로서의 언어활동을 지칭하기도 한다.

용수가 『중론中論』에서 말하는 '프라판차'는 단순한 논쟁이

아니라, 어떤 개념이나 사상이 끝없이 분화되고 확장되는 과정, 대화를 나누면서 하나의 생각이 다른 생각으로 끊임없이 뻗어 나가는 현상, 끝없이 확장되는 사유의 장, 걷잡을 수 없이 번져서 확산되는 개념적 집착이나 허상의 의미로 사용되었다.

우리가 부지불식간에 희론에 빠지게 되는 이유는 더 풍부하게 사유하고, 더 자세하게 설명하고, 더 뜻깊게 해석하려는 욕심 때문이다. 그리고 이러한 욕심에 의하여 일정 부분 사유의 진전이 있을 수 있지만, 특정 개념의 의미 확장이 지나치면 오히려 본래의 순수한 뜻을 잃어버리거나 본래의 의미가 왜곡되어 오히려 번뇌를 일으킬 수 있다.

이어서 용수는 다음과 같은 설명도 덧붙였다.

"업과 번뇌를 소멸해야 해탈할 수 있다. 업과 번뇌는 분별로부터 일어난다. 분별은 희론에서 생긴다. 하지만 이 희론이 아무것도 아닌 그저 하나의 공성空性 작용임을 알아야 한다. 희론이 공성임을 안다면 희론은 저절로 소멸한다."

여덟째, 용수는 공 사상을 설명하기 위해 '팔불중도八不中道'라는 대위법적對位法的 논법論法을 사용하였다. 이 논리적 방식은 무엇을 따져 밝히고 설명과 설득을 할 때 흔히 빠지기 쉬운 극단적 성향이나 개념을 부정하고, 올바르게 중도를 찾으려는 자세를 말한다. 특히 존재 자체를 이해하려는 여덟 가지 방법을 유형화하여, 이를 극단화한 다음 다시 부정하는 방법으로 오히려 존재를 밝혀내려는 논증 방식이다.

•
•
•

1. 불생不生: 태어나지 않는다.(본질적 자성에 의해 스스로 생기지 않는다.)

2. 불멸不滅: 사라지지 않는다.(절대적인 소멸도 없다.)

3. 불단不斷: 완전히 끊어지지 않는다.(존재가 영원히 단절되는 것이 아니다.)

4. 불상不常: 영원하지 않다.(영원한 실체가 존재하지 않는다.)

5. 불일不一: 하나가 아니다.(모든 것은 상호 의존적이다.)

6. 불이不異: 완전히 다르지 않다.(완전한 독립성은 없다.)

7. 불래不來: 오지 않는다.(어디선가 실체가 오는 것이 아니다.)

8. 불거不去: 가지 않는다.(절대적 이동이 존재하지 않는다.)

이 팔불중도는 모든 현상, 괴로움과 존재조차 인연에 따라 조건적으로 발생한다는 점을 강조하며, 고정된 실체나 독립된 본질이 없다는 것을 설명하기 위한 논증적 방식이라 하겠다. 중도로써 극단의 모든 집착을 해체함으로써 괴로움을 끊어낸다.

아홉째, 쉼 없이 선禪 수행을 계속하여 나간다. 선종에서는 "본래 자성도 없다本來無一物."라는 깨달음을 강조한다. 늘 자성 집착을 초월하려는 마음 수행을 한다.

●
●
●

6) 용수의 주장

용수는 공을 허무주의가 아니라, 집착에서 자유로워지는 지혜의 길로 보았다. 그리고 지혜와 자비의 통합으로써 괴로움은 소멸한다고 하였다.

괴로움의 소멸 과정은 반야般若, Prajñā, 자비慈悲, Karuṇā, 중도中道, Madhyama-mārga 실천의 과정이다. 이 과정에서 반야는 '공'의 지혜를 통해 모든 집착을 놓아버린다. 자비는 타인의 괴로움에 대한 연민과 이타심을 실천하는 마음을 말한다. 중도 실천이란 어느 한쪽으로 치우치지 않고, 유연한 마음으로 살아가는 것을 말한다.

중관파는 괴로움의 소멸 방법으로 원인인 고정된 실체에 대한 잘못된 집착을 버리고, 괴로움의 본질인 모든 존재는 공하며, 독립적인 실체가 없다는 것을 받아들이고, 괴로움의 소멸 과정으로 공의 지혜(반야)를 통해 집착을 내려놓고, 자비로운 삶을 실천하며 살아가는 것이라고 말한다. 그것이 괴로움에서 벗어나는 길이라고 강조한다.

이렇게 중도의 삶을 살아가면서 괴로움에서 해탈하여 궁극의 깨달음에 이르러야 한다고 주장한다.

V

조사선의 방편

1. 마음이란 무엇인가?

1) 마음의 이해

마음은 끊임없이 변화하고 산만해지기 쉽지만, 본래의 성품은 깨끗하고 고요하다. 마음은 본래 참된 자아를 이해하기 위한 중요한 열쇠이며, 이를 바탕으로 수행해야 한다. 마음을 집중하여 본래의 마음을 회복하는 것이 수행의 핵심이다.

2) 참선의 목적

참선禪이란 단순히 마음을 비우거나 고요하게 만드는 것이 아니라, 자신의 본성을 깨닫는 것이다. 참된 마음에 대한 인식과 깨달음이 수행의 목표다. 참선 수행은 세속적인 생각을 넘어서 자기 내면의 본질을 직시하고 집착을 버리며 본래의 자유로운 상태를 회복하는 것이다.

3) 집중의 중요성

마음을 집중하고 불필요한 생각과 산만한 감정을 멀리한다. 집중으로써 진리와 본래의 마음을 직시할 수 있다. 집착을 버리고, 자기 자신에 대한 고정관념을 깨뜨리는 것이 중요하다.

4) 마음의 어지러움을 극복하기

우리 일상에서 매일 겪는 산만한 생각들과 잡다한 감정들은 우리의 마음을 흐리게 하고 수행을 방해한다. 이를 극복하기 위해서는 참선의 집중이 필요하며, 내면의 고요함을 회복하는 것이 중요하다.

2. 한마음 깨치면 부처

"이 한마음 그대로가 부처일 뿐이니 부처와 중생이 새삼스레 다를 바가 없다."

'한마음'이란 마음의 본질, 마음의 중심, 또는 마음의 본래 상태를 뜻한다. 이것은 자기 자신을 있는 그대로 바라보는 능력, 즉 본래의 참된 마음을 깨닫는 것을 의미한다. "모든 것이 하나로 통하는 마음"이며, 집착이나 분별심이 없는 고요하고 순수한 상태를 말한다. "깨치면 부처"라는 말은 이 '한마음'을 깨달을 때, 그 자체는 부처의 깨달음과 동일하다는 말이다. 부처는 상징적인 존재이자, 진리의 본질을 깨달은 존재를 말한다. 깨달음이 따로 있는 것이 아니라, 마음을 깨치면 부처와 하나가 된다는 뜻이다.

•
•
•

1) 부처는 내 안에 있다

"모든 부처와 일체중생은 한마음일 뿐 거기에 다른 어떤 법도 없다."

모든 존재는 본래부터 부처의 성품을 가지고 있다. 따라서 부처를 외부에서 찾는 것이 아니라 자기 내면에서 찾아야 한다. "중생은 다만 모양에 집착하여 밖에서 구하므로, 구하면 구할수록 점점 더 잃는 것이다." "비롯 없는 옛날로부터 모양에 집착한 부처란 없다."

"부처와 중생은 한마음으로 다름없음이 허공과 같아서, 그것에는 잡됨도 무너짐도 없고, 온누리를 비추는 햇살과도 같다."

"해가 떠올라 온 천하가 두루 밝아질 때라도 허공은 한 번도 밝은 적이 없으며, 해가 져서 어둠이 온 천하를 덮을지라도 허공은 어두웠던 적이 없다."

우리는 깨닫기 위해서 외부에서 무엇인가를 찾을 필요가 없다. 우리 마음이 바로 부처성을 가진 존재이기 때문에, 마음을 바로잡고 깨치면 그 자체로 부처가 된다. 자기 자신을 있는 그대로 보고, 내면의 본성을 바로 보아야 한다.

2) 한마음이 곧 부처

"한마음 깨치면 다시 더 작은 법도 얻을 것이 없으니, 이것이야말로 참된 부처다."

"오직 이 한마음일 뿐, 거기에 티끌만큼의 어떤 법도 있을 수 없으니, 이 마음 그대로가 곧 부처다."

부처가 된다는 것은 외적 변화나 신적 존재가 되는 것이 아니라, 마음의 본질에 대한 직관적 깨달음을 의미한다. 모든 분별심을 넘어서, 순수한 마음 상태로 돌아가야 한다. 마음의 분별이나 갈등이 사라진 상태에서, 우리는 자기 본래의 성품을 바라보게 된다. 그것이 깨달음에 다가가는 길이다. 부처는 고통과 번뇌를 초월한 존재로, 참된 자유와 해탈의 상태를 말한다. 자기 내면의 참된 마음을 깨달음으로써, 고요함과 지혜, 자유와 자비를 함께 누릴 수 있다.

3) 마음 수행의 방법

① 마음을 집중한다

"생각을 움직였다 하면 곧 어긋나버린다."

산만한 마음을 통제하고 집중한다. 산란한 마음과 잡념을 씻어내면서 제어하며, 자기 본성을 직시하기 위해 '참선禪'을 실천한다.

② 집착을 버린다

마음을 깨닫기 위해서는 자기 자신에 대한 집착을 내려놓아야 한다. 이기적 생각과 분별심을 넘어서 순수한 마음으로 돌아가는 것이다. 이런 수행 과정에서 자기 본성을 깨닫고, 부처와 하나가 되는 경험을 하게 된다. "모두가 악법이지 깨닫는 도가 아니다." 조작된 부처를 찾는다고 두타행을 하고, 사성제를 찾고, 연기법을 찾고, 인연법을 찾아보아야 다 악법이지 진정 깨닫는 도가 아니라고 하였다.

③ 자비와 지혜의 실현

깨달음은 지적인 깨달음이 아니라, 자비와 지혜가 함께 실현되는 상태를 말한다. 한마음을 깨달을 때, 우리는 자비로운 마음과 지혜로운 눈을 가지게 되며, 자기 자신과 세상에 대한 올바른 이해를 할 수 있다.

3. 무심이도

1) 무심과 도의 뜻

① '도'란 무엇인가?

도道는 궁극적 깨달음, 또는 부처의 경지를 의미한다. 황벽
黃檗 선사는 도를 어떤 개념이나 특별한 상태로 설명하지 않고,
"무심無心을 실천하는 것이 곧 도"라고 강조하였다. 도를 찾으
려 하지 말고, 오히려 마음을 비우고 집착을 내려놓을 때 도를
깨닫게 된다고 하였다.

"강서 시방의 모든 부처에게 공양 올리는 것이 무심도인無心
道人 한 사람에게 공양 올리는 것만 못하다. 무심한 사람에게는
일체의 마음이 없기 때문이다."

② '무심'이란 무엇인가?

분별과 집착을 내려놓는 상태, 과거와 미래에 얽매이지 않는 상태, 자연스럽게 행동하지만 마음에 걸림이 없는 상태를 말한다. 무심은 "아무것도 하지 않는 상태"가 아니다. 오히려 모든 일을 하면서도, 거기에 얽매이지 않는 자유로운 상태를 뜻한다. 행동은 하지만 마음에 흔적을 남기지 않는 경지를 말한다.

"진여眞如 그대로인如如 것이 안으로는 목석같아서 움직이거나 흔들리지 않으며, 밖으로는 허공 같아서 어디에도 막히거나 걸리지 않으며, 주관·객관의 나뉨은 물론 일정한 방위와 처소도 없다."

2) 무심과 깨달음의 관계

① 깨달음은 새로운 것이 아니라, 원래 가지고 있는 것이다.

황벽선사는 "도를 깨닫는 것은 새로운 지식을 얻는 것이 아니다."라고 말하였다. 본래 우리는 이미 부처의 성품佛性을 가지고 있으나, 망상과 집착이 그것을 가리고 있을 뿐이다. 무심에 통하면 그 가려진 본성이 드러난다.

② 도를 찾으려 하면 도를 얻을 수 없다.

도를 찾는다는 생각 자체가 도에서 멀어지게 한다. 황벽은 제자들에게 "도를 찾으려 하지 말라. 이미 네 안에 있다."라고 말했다.

"그러므로 지견知見을 구하는 자는 쇠털처럼 많아도 정작 도를 깨친 이는 뿔처럼 드물 것이다." "문수보살은 이치理에, 보현보살은 행실行에 해당한다. 이치란 진공眞空으로서 걸림 없는 도리이고 행실이란 형식을 벗어난 끝없는 실천을 말한다."

도를 찾으려는 마음조차 버리고, 있는 그대로의 자신을 바라보는 것이 중요하다.

③ '무심'이 곧 '평상심平常心'이다. 무심은 특별한 수행 상태가 아니라, 일상생활 속에서 여여如如할 수 있는 것이다. 조동종曹洞宗의 대표적 선사였던 마조도일馬祖道一도 "평상심이 곧 도道다."라고 가르쳤다. 평범한 일상에서 집착 없이 살아가는 것이 바로 도를 실천하는 것이다.

3) 무심의 경지

황벽선사는 무심을 실천하기 위해 다음과 같은 방법을 제시했다.

① '생각念'을 따르지 말라. 생각이 떠오르는 것은 자연스러운 일이다. 하지만 그 생각을 따라가면 망상이 되어 집착이 생긴다. 떠오르는 생각을 그냥 흘려보내고, 마음에 흔적을 남기지 않는 것이 중요하다.

"후학들이 감히 법에 들어오지 못하는 까닭은 공에 떨어져 닿아 쉴 곳이 없을까 두려워해서인데, 이런 태도는 막상 벼랑을 보고 물러나서는 거기다 널리 지견을 구하는 것이다."

사람들이 이렇게 법문을 듣고 나면, 무심이나 부처의 경지를 몰라서 내가 잡은 모든 관념을 바로 내려놓지 못하는 것이 아니라 "이것을 놓아버리면 난 어떻게 사느냐?", "이것을 떠나 무엇을 의지하며 살아가느냐?", "다 놓아버리면 멍텅구리가 되고 바보가 아닌가?" 하는 마음을 일으키기 때문이다.

   ② '좋고 나쁨'을 판단하지 말라. 세상에는 좋은 일도 있고, 나쁜 일도 있다. 그러나 선과 악, 옳고 그름을 끊임없이 판단하다 보면 마음이 쉬지 못한다. 황벽선사는 모든 것을 있는 그대로 받아들이고, 분별하지 않는 것이 중요하다고 했다.

   ③ 모든 행위에서 집착을 버려라. 일을 하면서도 결과에 대한 집착을 버리면 무심을 실천할 수 있다. "하고 나서 잊어버려라."라는 것이 무심의 핵심이다.

   ④ 화두話頭 수행으로 집착을 끊어라. 황벽의 후계자인 임제의현臨濟義玄이 강조한 것처럼, 화두 수행을 통해 무심을 실천할 수 있다. '무無'의 화두를 들고 끊임없이 집중하면, 생각이 끊어지고 무심의 경지에 이를 수 있다.

4. 근원이 청정한 마음

1) 근원이 본래 청정

심원心源은 모든 의식과 생각이 생겨나는 근본적인 자리로, 본래 마음은 더럽혀지지 않은 깨끗한 상태다. 하지만 탐욕貪, 분노瞋, 어리석음癡 등의 번뇌로 인해 본래의 맑은 성품이 가려져 있을 뿐이다. 황벽선사는 "깨끗한 마음을 찾으려 하지 마라."라고 하면서, 도를 찾으려는 마음조차 버리고 있는 그대로를 받아들일 때 본래 청정本淨한 마음이 드러난다고 하였다.

2) 왜 우리는 '근원이 청정한 마음'을 깨닫지 못하는가?

황벽은 우리의 본래 마음이 청정하지만, 탐욕과 망상으로 인해 이를 깨닫지 못한다고 말한다.

① 망상과 집착이 본래 마음을 가린다.
② '나'라는 생각이 본래 마음을 흐리게 한다. '나'라는 생각이 사라질 때, 본래 청정한 마음이 드러난다.
③ 도를 찾으려는 마음조차 장애가 된다.

3) '근원이 청정한 마음'을 깨닫는 수행법

① 분별심을 버려라. '좋다'거나 '나쁘다'라고 판단하는 마음을 버리라. 선과 악, 옳음과 그름을 계속해서 분별하는 한, 본래의 청정한 마음을 볼 수 없다. 따라서 모든 판단을 내려 놓고, 있는 그대로 받아들이는 것이 중요하다.

② 생각을 따라가지 말고, 그냥 두어라. 생각이 떠오르는 것은 자연스러운 일이다. 하지만 그 생각을 계속 따라가면 망상이 되고, 결국 집착이 된다. 황벽선사는 "생각이 떠오를 때 그것을 밀어내지 말고, 그냥 그대로 두어라."라고 말했다. 그러면 생각이 자연스럽게 사라지고, 본래의 깨끗한 마음이 드러난다.

③ 무심無心의 상태를 유지하라. 어떤 생각에도 집착하지 않고, 모든 것을 자연스럽게 받아들이는 것이 바로 도를 실천하는 방법이다.

④ 본래 부처本來是佛라는 사실을 자각하라. 깨달음이란 새로운 것을 얻는 것이 아니다. 이미 우리는 부처이며, 본래 청정한 존재임을 자각하는 것이 깨달음이다. 깨달음은 먼 곳에서 찾는 것이 아니라, 이미 내 안에 있다.

'부처 자리'에는 그 어떤 것도 없다. 이 법은 평등하여 높고 낮음이 없으니 이것을 깨달음이라 한다. 본래 청정한 마음은 중생의 세계와 부처의 세계, 산과 물, 모양 있는 것과 없는 것, 온 시방 법계가 다 함께 평등하여 "너다, 나다" 하는 생각이 없다. 견문각지見聞覺知를 떠나 마음이나 법을 찾아서도 안 되고, 견문각지를 버리고 법을 취해서도 안 된다. 마음을 가지고 다시 마음을 찾지 말아야 한다.

알아도 원래 가졌던 것을 아는 것이지 원래 없었던 것이 증득된 것이 아니다. 지금 이대로의 마음이 바로 만법이며, 도이며, 진여이며, 진리이며, 참 나인 것이지 여기서 무엇이든 조작하여 만들어진 것은 다 허망한 형상이며 명색名色이 된다. 그래서 있는 그대로 완전한 자유이며, 해탈이며, 진여이며, 자기이지 이것을 떠난 그 어떤 것도 다 허망한 것임을 설파하면서 있는 그대로를 가장 으뜸 되는 뜻, 즉 제일의제라고 하였다.

"이것은 진실되어 허망하지 않은 것이니, 이것이 맨 으뜸 되는 뜻의 이치第一義諦니라."

5. 일체를 여읠 줄 아는 사람이 곧 부처

1) 의심하지 말자

"도를 배우는 사람은 의심치 말아야 한다."

해탈과 자유를 갈망해서 출가해 놓고 도리어 그 법에 묶여 로봇같이 살아간다. 성직자 그 누구도 행복을 모르고 살아간다. 자유를 알면서도 자유를 누리지 않고 해탈을 알면서도 해탈의 경지엔 가지 않는다. 그렇게 계율에 묶이고 행위에 묶이고 얽매여서 살아간다. 이 얼마나 무서운 이야기인가. 그러나 저 수많은 성직자가 다 그렇고 범부 또한 그렇다. 모두 의심병을 앓고 있는 환자이다. 이 얼마나 원통한 짓인가.

• • •

2) 마음이 곧 부처

삼아승지三阿僧祇 겁劫을 돌아가는 수행은 수행이 아니며, 그렇게 배워서 해탈에 이르고 열반을 증득한다는 것은 다 무지에서 나온다. 황벽선사도 이런 행동과 수행은 전부 성문불聲聞佛이라고 하였다.

"지금 바로 본래 마음이 부처임을 단박 깨달으면 될 뿐이다."

마음이 부처임을 자각하고 나면 그 어떤 것도 얻을 것이 없고, 구할 것도 없다. 무심을 증득하면 될 뿐 무엇을 더 구할 것이 있겠는가. 구할 마음이 없으므로 구할 법도 또한 없는 것이다. 그러니 행할 어떤 수행도 닦을 것도 없다.

황벽선사는 "이것이 바로 가장 으뜸가는 도이며, 참으로 여여한 부처이니라." "생각마다 모양이 없고 생각마다 하염없음이 곧 부처다."라고 하였다.

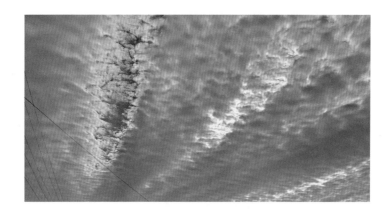

•
•
•

6. 허공이 곧 법신

　팔만사천 법문은 팔만사천 번뇌를 치료하는 것으로써, 다만 대중을 교화 인도하는 방편일 뿐 일체의 법이란 본래 없다. 그러므로 여의는 것이 곧 법이요, 여읠 줄 아는 이가 곧 부처다. 일체의 법을 여위기만 하면 얻을 만한 법이 없으니, 도를 배우는 사람이 깨닫는 비결을 터득하고자 한다면, 마음이 어느 것에라도 집착하지 말아야 한다.

　"부처의 참된 법신은 마치 허공과 같다."라고 한 비유가 바로 이것이다. 법신이 곧 허공이며 허공이 곧 법신인데도 "법신이 허공계에 두루 하고 있다."라고 하면, 사람들은 허공 가운데에 법신을 포함하고 있다고 생각하여 법신 그대로가 허공이며 허공 그대로가 법신임을 모른다. 만약 결코 허공이 있다고 한다면 법신은 허공이 아니다.

　"범부는 경계를 취하고 도를 닦는 사람은 마음을 취하나니, 마음과 경계를 함께 잊어야만 참된 법이다."

7. 마음을 잊어버림

달마는 중국에 온 이후 오로지 한마음만을 말씀하였고, 오로지 한 법만을 전하였다. 또한 부처로서 부처에게 전할 뿐 다른 부처는 말씀하지 않았고, 법으로써 법을 전하고 다른 법을 말씀하지 않았다.

법이란 설명될 수 없는 법이며, 부처란 취할 수 없는 부처로써 본래 근원이 청정한 마음이다. 오직 이 일승一乘만이 사실이고 나머지 이승二乘은 참됨이 아니다.

반야는 지혜라는 뜻으로서 모양이 없는 본래 마음이다. 범부는 도道에 나아가지 않고 단지 육정六情만을 함부로 하여 육도六道에 빠져 방황한다. 도를 배우는 사람이 한 생각 모든 견해를 일으키면 곧바로 외도에 떨어진다. 또한 남生이 있음을 보고 없어짐으로 나아가면 성문도聲聞道에 떨어지고 남生이 있음을 보지 않고 오로지 없어짐만을 보면 연각도緣覺道에 떨어진다. 오직 한마음이어야만 불승佛乘이 된다. 범부는 모두가 경계를 쫓아 마음을 내서 좋고 싫음이 있다.

만일 경계가 없기를 바란다면 그 마음을 잊어야 하고, 마음을 잊으면 경계가 텅 비며, 경계가 공허하면 곧 마음이 없어진다. 만약 마음을 잊지 못하고 경계만을 없애려 한다면, 경계는 없어지지 않으면서 오히려 분잡하게 시끄러움만 더할 뿐이다.

그러므로 만법은 오직 마음일 뿐이며, 그 마음조차도 얻을 수 없는데 다시 무엇을 구하겠느냐?

"법이란 설명될 수 없는 법이며, 부처란 취할 수 없는 부처로서 본래 근원이 청정한 마음이다."

증득하여 깨달았다고 할 것이 없는 자리인데도, '나는 깨달았노라'라고 한다면 모두가 증상만增上慢을 내는 사람이다. 『법화경』 회상에서 옷을 떨치고 나가버린 사람들이 모두가 이러한 무리들이다. 그러므로 부처는 "내가 아뇩다라삼먁삼보리阿耨多羅三藐三菩提에 있어서 실로 얻었다고 할 것이 없다"라고 하였으니 그저 묵묵히 계합할 따름이다.

일관참선법을 하다 보면 많은 경계가 나타난다. 불보살은 말할 것 없이 수많은 사람과 귀신, 천상과 지옥, 축생 등 우리가 상상할 수 있는 모든 마음의 한량들이 드러날 것이다. 그래서 살불사조殺佛殺祖라는 말이 있듯이 그 어떤 상도 다 실상이 아닌 허상임을 알아 상을 없애나가는 것과 같은 것이다.

VI

중도, 연기적 방편의
화엄일성법계도

신라시대의 승려 의상(625~702)이 깨달음의 경계와 법에 대하여 인印이라는 형식으로 7언 30구 계송으로 법계도를 표현하였다. 당시 불법을 글과 형태로 집착하는 무리들로 하여금 이름마저 없는 참된 근원으로 돌아가 진정한 불법의 진리를 깨닫게 하기 위한 방편으로 화엄사상의 요지를 축약하여 남겼다.

법성게法性偈는 의상 스님이 깨달음을 직접 체득 자증自證한 화엄사상의 요체이며 한 장의 도표로 불교의 중도中道를 자리행과 이타행 지혜의 공덕으로 드러낸다.

법성게의 7언 30구 206자를 한 구절씩 연기적 중도의 방편으로 살펴보겠다.

1. 법성원융무이상
法性圓融無二相

"법의 자성은 두루 원만하게 하나가 되어 두 모습이 없다."

법은 분별되는 것과 분별되지 않는 두 모습으로 드러난다. 분별되는 것은 보이는 세계를 말하고, 분별되지 않는 것은 보이지 않는 세계를 말한다. 이것을 법의 세계 또는 마음의 세계라 한다. 이렇게 분별하면서도 분별하지 못하는 세계가 동시에 나타나지만, 대부분의 중생은 분별되는 세계만 보고 듣고 생각하고 의식화하여 자기 자신의 개념으로 살아가는 것이 보편적이다.

그렇다면 분별할 수 없는 보이지 않는 세계를 어떻게 볼 수 있는가? 이러한 분별할 수 없는 보이지 않는 세계를 보려면 오직 자기의 직접적 체험을 통해서만 알 수가 있다.

자신이 분별을 통해 알 수 있는 자기의 앎으로 받아들이고 이해한다면, 역시나 불법은 영원히 알 수가 없다는 것을 꼭 명심해야 할 것이다.

2. 제법부동본래적
諸法不動本來寂

"온갖 분별되는 만법은 변함없어 텅 비고 고요하다."

세상은 모든 것이 공하여 고요하고 가만히 있는 것이 아니라 삼라만상이 역동적으로 움직이고 활발하게 변화한다. 분별의 망상에서 벗어나 법성, 자성, 불성을 바로 보는 것이 깨어남이고 성불이라 말한다. 만약 이렇게 깨달을 수 있다면 세상 모든 것들을 다 분별하며 살고 있으면서도, 분별할 수 없는 분별되지 않는 세계 즉, 중도中道의 실상을 있는 그대로 볼 수 있을 것이다.

3. 무명무상절일체
無名無相絕一切

"이름 없고 모습 없어 모든 것이 끊어졌다."

　우리들의 분별 망상의 생각이 모든 것에 이름을 붙이고 바깥 모습에 따라 흔들리는 중생 성질의 형태를 보인다. 모든 분별은 이름으로 나타나고 모습을 보고 드러나는 현상이 펼쳐질 뿐이다. 이러한 분별에서 벗어날 수 있다면 진실한 그 자리가 분명하게 드러날 것이다.

4. 증지소지비여경
證智所知非餘境

"깨달음에 스스로 증명된 지혜는 알 수 있는 것이 아니다."

직접적인 깨달음의 지혜는 경전을 익히고 어떠한 수행의 결과로 얻어지는 것이 절대 아니다. 스스로 깨달아 스스로 증득한 증명의 지혜를 말한다.

5. 진성심심극미묘
眞性甚深極微妙

"참된 본성은 매우 깊고 지극히 미묘해서 알 수가 없다."

깨달음의 진실한 세계는 자기의 분별로는 도저히 알 수 있는 일이 아니다. 연기법의 묘한 법성이 밝아질 때 분별 아닌 실상이 뚜렷이 드러난다.

6. 불수자성수연성
不守自性隨緣成

"깨달음은 얻거나 지킬 수 없어 인연에 따른다."

불법의 자성自性은 자기 스스로 존재성을 가질 수 없고, 여러 인연의 관계 속에서 끊임없이 일어나고 사라진다. 자성은 인연이 일어나면 같이 일어나고, 인연이 끊어지면 같이 없어진다. 모든 분별 세계는 연기된 세계이기 때문에 각각의 분별되는 것에는 자성이 없어 스스로 독립된 실체가 없다. 그러나 자성은 본래 부족함 없이 누구에게나 이루어져 있다.

7. 일중일체다중일
一中一切多中一

"하나 속에 모든 게 있고, 여럿 가운데 하나가 있다."

하나의 자성 속에 일체 삼라만상 모든 것이 나타나고, 삼라만상 모든 곳에는 오롯이 자성 하나가 있다. 공 속에 수, 상, 행, 식이 있고, 수, 상, 행, 식, 속에 공이 있다. 여럿이라는 건 모습으로 분별되는 것이고, 하나라는 건 분별에서 벗어난 깨달음의 자리를 말한다.

8. 일즉일체다즉일
─ 卽─切多卽─

"하나가 곧 모든 것이고, 모든 것이 하나다."

온갖 분별 가운데 텅 빈 분별없는 깨끗함이 있고, 텅 비고 깨끗한 그곳에 온갖 분별이 나타난다. 거울의 성질은 온갖 모양이 비쳐 드러나게 할 뿐 거울 자체는 항상 텅 비고 깨끗하다. 깨끗한 거울 속에 온갖 모습이 나타나듯이 거울과 거울에 비친 모습은 떨어질 수가 없는 연기적 관계다. 거울은 비치는 모든 것이 나타나 보일 때 완전한 거울이라 한다.

우리는 생각하지 않고 살 수가 없고, 느끼지 않고 살 수가 없다. 살아있는 사람이라면 생각하고 느끼고 의식을 갖고 살아간다. 만약 거울이 본성이라면 거울 속에 비친 모습은 생각과 느낌, 감정, 등의 의식들일 것이다. 이렇게 비친 모습들은 순간순간 변하는 것들이다. 여기서 비친 것들은 나의 느낌과 생각, 감정, 의식들을 가리킨다. 따라서 비친 것들은 한순간도 같을 수 없고 항상 변화하는 성질을 갖는다. 그래서 '나'라고 할만한 주체도 없고, 독립된 실체가 없다. 그렇기에 '나' 없음의 무아無我이다.

그러나 거울과 거기에 비친 모습은 절대 떨어질 수도, 분리될 수도 없는 오직 하나이다. 이러한 것을 "연기緣起하고 있다."라고 말하는 것이다.

9. 일미진중함시방
一微塵中含十方

"한 개의 먼지 티끌 속에 우주 전체가 들어있다."

한 생각 일으키면 온 우주가 드러나고, 한 생각 멈추면 온 우주가 멈춘다. 마음의 기능은 보고 듣고 느끼고 아는 것의 활동이다. 이렇게 한 생각 일으킬 때 마음의 활동이 작동하는 것이며, 생각의 분별이 활동하고 작동하는 것을 깊게 사유하다 보면 이치에 통하는 길이 보일 것이다.

10. 일체진중역여시
一切塵中亦如是

"수많은 먼지 티끌 속에서도 역시 똑같다."

진리를 둘로 나누어 보려 한다면 실상을 절대 보지 못한다. 진리는 우리의 생각이나 지식 또는 앎으로 알 수 있는 게 아니다. 또한 얻고 취할 수 있는 것도 아니다. 오직 스스로 깨달아 생각지도 못한 새로운 세계로 들어가야 하는 직접적인 경험이다.

석가는 연기경에서 깨달음을 이렇게 말했다.

"이것은 내가 이 세상에서 깨닫기 전에도 있었던 것이고, 이것은 본래부터 늘 이렇게 있었던 것이고, 이것은 영원히 있는 것이다. 나는 이것을 깨닫고 발견한 것이지 내가 만들어 낸 것이 아니다. 이것이 이 세상의 진실한 모습이다."

11. 무량원겁즉일념
無量遠劫卽一念

"헤아릴 수 없이 먼 시간이 곧 한 생각이요."

지금 이 순간이 되기 위해선 이전에 무한한 시간과 뒤의 무한한 시간이 받쳐줘야 지금 한 찰나의 시간이 존재하고 성립이 될 수 있다. 끝없는 시간과 지금 이 한순간이 공성空性으로 아무런 다름이 없다는 것을 세간의 시간으로 연기를 나타내 보이는 것이다.

12. 일념즉시무량겁
一念卽是無量劫

"한 생각이 바로 무한한 시간이다."

무한한 시간은 한 찰나에 들어있고, 한 찰나, 한 찰나는 무한한 시간 속에서 나타난다. 이러한 진여공성眞如空性에서 나투는 시간의 무자성無自性을 바르게 발견할 때 그때를 견성見性이라 하고, 한순간 시간의 무량함이 바로 지금임을 알 수 있을 것이다.

13. 구세십세호상즉
九世十世互相卽

"분별되는 것과 분별되지 않는 것이 서로 붙어 있다."

연기의 장은 나눌 수 있는 것이 아니다. 과거-현재-미래 삼세를 나누어 분별할 수 있음과 분별할 수 없음이 다름이 아닌 색과 공이 같아서 나눌 수 없음을 진정 알 수 있는 때, 그때를 깨달음이라 말한다. 세간世間과 출세간出世間이 분명히 다르면서 또한 따로 있는 게 아니라 같이 동시에 있다. 그래서 불교를 미묘법微妙法이라 한다. 그래서 생각으로는 도무지 알 수가 없고, 직접적 체험을 통해서만 확인되는 것이다.

14. 잉불잡란격별성
仍不雜亂隔別成

"어지럽지 아니하여 서로가 뚜렷하게 구분된다."

이 세계는 모든 것이 분별되는 연기적 세계이지만, 또한 모든 분별을 벗어나서 하나로 통하는 공의 세계이기도 하다. 이는 모든 분별을 벗어난 공의 세계이면서 모든 분별이 가능한 연기적 세계를 말한다. 거울의 방편에서 온갖 모습이 거울 속에 비치고 있지만, 그 거울 속의 온갖 모습을 따로 떼어낼 수 없듯이, 거울과 비친 모습이 서로 딱 붙어 연기하여 구분할 수가 없다.

15. 초발심시변정각
初發心時便正覺

"처음 깨달음의 마음을 낼 때가 바로 깨달음이다."

연기 관계의 시작과 끝을 말한다. 아뇩다라삼먁삼보리阿耨多羅三藐三菩提(위 없이 바르고 평등한 깨달음)의 원력을 내었을 때가 공부를 마치는 때다. 지금 이 말은 이치에 통한 입장에서 본다면 본성은 시간과 공간이 없으니 이때와 그때를 따진다면 이미 다른 길로 한참 가고 있는 상태이고, 바른길을 간다면 시공이 따로 없음을 스스로 알 것이다. 법성法性은 공空과 색色이 전체로 공존하며 그로써 모든 존재를 드러내어 공과 색을 확인할 수 있는 것이다.

16. 생사열반상공화
生死涅槃常共和

"생과 사의 윤회와 해탈 열반이 늘 함께 같이 있다."

　분별을 벗어난 입장에서는 분별할 때나, 분별을 벗어난 상
태가 똑같기에, 실체가 없는 생사윤회와 해탈 열반이 따로 없
음을 알 수 있다.

17. 이사명연무분별
理事冥然無分別

"진실과 분별이 그윽해서 분별할 수 없다."

있는 것과 없는 것이 구분되지 않고 하나가 되는 부처의 세계를 말한다. 개인의 인식으로 보는 세상은 일체 만상이 분별할 수 있는 세계로 보이고, 법의 이치에 통한 사람이 보는 세상은 일체 만상이 나눌 수 없는 하나의 마음에 드러난 세상임이 분명히 보인다.

18. 십불보현대인경
十佛普賢大人境

"열 분의 부처와 보현보살의 큰 원력의 경지."

큰 지혜의 완성인 부처와 큰 원력의 상징인 보현보살의 깨달음을 향한 완성의 단계를 말한다. 큰 깨달음을 위해 원력을 발원하는 이에게는 반드시 깨달음의 지혜가 열릴 것이고, 교리나 지식의 앎으로 알고자 하는 이들에겐 딱 그만큼의 앎만 주어질 뿐 깨달음과는 전혀 상관없는 일이 될 것이다.

19. 능인해인삼매중
能仁海印三昧中

"본마음은 완전한 지혜의 바다 한가운데에서……"

능인能仁이란 비로자毘盧遮나 부처의 완전함을 나타내고, 해
인海印은 번뇌 망상을 떠나 지혜의 자리를 말하며, 삼매중三昧中
은 이처럼 중중무기中中無記한 법계 연기의 세계를 말한다.

"본래 우리의 마음은 중생과 부처가 따로 없고, 번뇌와 망상
도 따로 없으며 나와 세계가 따로 없다는 것을 여실히 보여주
기 위한 방편이다."

20. 번출여의부사의
繁出如意不思議

"끊임없이 항상 똑같아서 생각으로는 알 수가 없다."

확실하게 온갖 일들이 항상 여여하게 일어나고 있음에도 불구하고, 자기의 생각과 앎으로서는 절대 알 수 없는 일이다. 생, 로, 병, 사 속에 살아가면서 해탈 열반 속에 있고, 세상 온갖 일이 다 일어나는데, 실제로는 아무 일도 없다는 것이 깨달음의 입장이다.

21. 우보익생만허공
雨寶益生滿虛空

"지혜의 법비가 허공 속에 가득하다."

중생들을 위한 감로수가 온 우주에 가득하다는 뜻이고, 지금 이 자리가 바로 부처의 자리나 알지 못하면 중생이고 깨달아 안다면 우주 삼라만상이 부처의 지혜 덕성으로 가득 차 있음을 스스로 알 수 있다.

22. 중생수기득이익
衆生隨器得利益

"깨달음은 근기 따라 이익됨이 있다."

결국 진리의 가르침 목적은 깨달음임을 말한다. 깨달음은
자신의 원력과 근기에 따라 발견할 수도 있고 못 할 수도 있다.
각자 본인들의 열망에 따라 이룰 수도 있고 이루지 못할 수도
있다는 말이다. 본성을 알고자 하는 나의 의지가 충만해서 나
는 꼭 할 수 있다는 열망과 끈기로 도전한다면 반드시 이 세상
이 뒤집히는 경험을 할 수 있을 것이다.

23. 시고행자환본제
是故行者還本際

"이 까닭에 수행자가 본래 자리로 돌아가려 한다면……"

정말 마음공부를 하려는 사람은 당장 먼저 깨달은 선지식을 찾아 나서야 할 것이다. 먼저 선지식인을 굳게 믿고 설법의 말만 잘 듣고 있으면 된다. 그러다 보면 언젠가 자기도 모르게 석가가 대단한 발견을 했듯이 자기 역시 그러한 발견의 경험을 할 수 있을 것이다. 그때부터 진정한 불법의 안목을 지닌 지혜의 눈을 갖게 될 것이다.

24. 파식망상필부득
叵息妄想必不得

"망상심을 쉬지 않으면 반드시 얻을 수 없다."

우주법계와 함께하는 연기 실상 속에 한 생각이 일어나면 온 우주 세계가 일어나고, 한 생각이 쉬면 온 우주가 쉰다는 도리를 당신은 알 수 있겠는가?

25. 무연선교착여의
無緣善巧捉如意

"조건 없는 선의 방편 깨달음을 얻는다."

이 도리는 인연도 없고 조건도 없다는 사실을 분명히 알아야 한다. 먼저 이 사실을 발견한 사람의 말을 믿고 깊게 사유한다면 분명히 조건 없는 여의주를 얻을 수 있을 것이다. 소승의 직접적 체험을 통한 경험 속 입장에서 나의 존재가 개체적이 아님이 뚜렷하게 펼쳐진다는 뜻이다. 세상이 연기緣起하여 삼라만상이 내 눈앞에서 현실이 되어 펼쳐지면 나란 존재도 같이 생겨나고 나란 존재가 깊이 잠이 들거나 없어지면 삼라만상 역시 동시에 없어진다는 것이다. 이 도리가 석가 연기법의 한 방편이다.

26. 귀가수분득자량
歸家隨分得資糧

"근본 자리로 돌아가 능력에 따라 지혜를 얻는다."

근본 마음자리가 드러나는 지금 이 자리를 미세하고 날카롭게 철저히 밝혀나가는 것이 진정한 수행이다. 누구나 열망을 가지고 공부한다면 견성見性할 수는 있겠지만, 그 자리에 머물러 방심하거나 게으름을 피운다면 그 자리에서 멈출 수밖에 없고 더 이상 발전은 없다. 공부는 본성의 자리에서 죽을 때까지 하는 것이다.

27. 이다라니무진보
以多羅尼無盡寶

"상의 모든 진리는 모양 없는 보물이다."

순간순간 깨어있는 이 마음이 법계를 이루는 보배이고, 지금 이 순간 눈앞에 늘 새롭게 보이는 것이 힘찬 생명이고 빛이다. "그대는 보이는가? 이 항상함이 타오름을⋯⋯"

28. 장엄법계실보전
莊嚴法界實寶殿

"깨달음의 법 세계는 참다운 보배 궁전"

공과 색이 속한 깨달음의 자리는 빈틈없는 세계이고, 깨달음의 삶이 온전한 모습이고 법계의 실상이다. 보배 궁전이 장엄하다는 것은 있는 그대로 진실한 모습을 말하는 것이다.

29. 궁좌실제중도상
窮坐實際中道床

"마침내 진실한 중도의 자리에 앉았으니……"

중도는 유, 무를 벗어난 진리를 말한다. 모든 현상은 고정된 실체가 없고 독립적으로 존재하지 않는다. 불교인들이 귀가 따갑도록 많이 들은 불교의 십팔번 말씀이지만 불교 진리의 핵심적인 본론이다.

모든 것은 상호 의존적이고 조건에 따라 존재한다. 이 말이 바로 중도 연기를 나타내는 말이며 유, 무를 부정하며 현상의 본질을 있는 그대로 보라는 가르침이다.

중도는 연기법을 근거로 하여 연기법의 현상과 원인으로 인한 조건에 의해 발생한다는 것을 말한다. 생과 멸, 유와 무 이러한 말도 상대적 개념일 뿐이며, 모든 개념은 상대적이며, 절대적 진리는 언어나 개념으로 표현할 수 없다는 것이 중도의 핵심이다.

30. 구래부동명위불
舊來不動名爲佛

"옛적부터 변함없는 이것을 부처라 이름한다."

실로 분별에서 벗어난 체험을 하고 세상을 보니 분별 망상의 중생 세계가 따로 없고 해탈 열반의 세계가 따로 없다. 늘 분별 망상의 세계 속에서 숨 쉬며 살아가면서도 항상 텅 비어서 아무 일도 없이 평등함에 머물러 있음을 안다. 이것을 억지로 부처라 이름하며 연기 실상의 중도中道라 말한다.

불교는 생사生死를 벗어나 영원한 자유인 해탈 열반으로 들어가는 길이다. 시작이 있으니 반드시 끝이 있다는 것이다. 시작은 내가 태어남이고 죽음은 끝이라는 말이다.

이렇게 '나'란 존재는 태어났으니 반드시 죽어야 한다는 것이 시간과 공간이 함께하는 유한한 '나'란 존재의 실상이다. 유한한 존재 속의 '나'라는 것은 실제로 나에 대해서는 전혀 알지 못하고 알 수도 없고…….

유한한 존재 속의 '나'는 오온伍蘊(몸과 느낌, 생각, 의지, 의식)이 주체가 되어 만들어낸 가상적인 존재이다. 이렇게 유한한 오온의 존재인 가상체를 절대적인 '나'라고 굳게 믿고 지금까지 살아왔고 앞으로도 계속 살아갈 것이다. 그래서 '나'라는 이름 하에 내가 태어나서 늙고 병들어 죽는다는 생각의 쌓임으로 이렇게 살아가고 있다는 것을 깨닫게 하기 위해 부처는 말했다.

"유한한 존재에서 벗어나 무한한 존재로 살아라. 태어나서 늙고 병들어 죽는다는 헛된 생각의 착각 속에서 벗어나라."

실제로 그렇다. 한 생각 쉬어지고 모든 착각에서 벗어나 오롯이 이 한자리에 서면 생사가 없고 시작도 끝도 없이 모든 것들이 연기할 뿐 이 세계는 그냥 있는 그대로일 뿐이다.

우리는 '나'라는 말은 하고 있어도 정말 '나'에 관해서는 전혀 알지 못한다. 내가 아는 '나'는 나의 욕망과 느낌, 감정, 생각이 만들어 낸 가상 세계 속의 꿈과도 같은 것이다.

영화관에서 영화를 틀면 빛이 비쳐 스크린에 주인공과 조연, 풍경과 배경이 드러난다. 우리가 안다는 것은 스크린에 비친 영

화의 내용만을 아는 것이지 영상 기사가 전기를 올려 필름에 빛을 비추어 음향에 소리를 내고 하얀 스크린에 비추기 전까지 있었던 일들은 알 수도 없었고 관심을 가지지도 않았다.

오직 아는 것은 영화 내용에 대한 분석뿐일 것이다. 그렇다. 우리는 실제 '나'에 대한 깊은 사유와 탐구가 없었기 때문에 "나는 누구인가?"라는 물음에 "아무리 생각해도 알 수가 없어." 라고 말한다. 오로지 우리의 관심은 영화의 내용이 주는 감동과 감성적인 재미, 스릴 등이고 각자의 수준으로 영화에 대해 평점을 매긴다. 이것이 현재 펼쳐지는 '나'의 상황일 것이다.

그러나 '나'의 내면을 깊숙이 들여다보면 입장이 완전히 바뀔 수 있다. 영화 속 이야기가 그냥 빛의 작용이었고, 그 작용에 감동과 감정들이 물결처럼 일어나는 것이 바로 빛의 놀음이었음을 확인할 수 있을 것이다.

———

저는 사춘기 시절 언젠가 집 한편 구석에 놓인 낡고 얇은 한 권의 불교책을 보고 궁금증이 일어났습니다. 그때부터 불교와 인연이 있었던 것 같습니다.

이후 군대도 갔다 오고, 청춘의 사랑에 빠져도 보고, 직장도 다녔고, 이후 개인 사업도 해보다 실패의 쓴맛도 보면서 살다 보 니 자연스럽게 사춘기 시절 의문들을 제대로 밝혀보려고 불교에 귀의하여 머리를 깎게 되었습니다.

석가는 무엇을 깨달았을까?

나는 정말 누구지?

이러한 의제로 살아가다 언젠가 한순간 세상의 모든 의문에 서 풀려 완전한 자유를 경험하게 되었습니다.

어느 날 저는 깨달아야 할 것이 아무것도 없다는 진실을 알 게 되었을 때 모든 두려움이 사라지고, 이상적 깨달음을 향한 갈 망의 추구가 비로소 멈추었습니다. 그때 저는 깨달음이 생사의 문제에서 벗어나 진정한 자유와 해탈을 얻는 것이라는 착각에서 벗어날 수 있었습니다.

인생이라는 긴 여정 속에서 진정한 의미를 부여할 수 있는 삶이 있다면, 그것은 마음을 깨달아 한정된 유한한 삶에서 영원한 무한의 삶으로 전환하는 기회를 가지는 것입니다.

지금 이 순간이 자신의 진실을 밝혀야 할 기회입니다.

이 책을 발간하기까지 많은 도움 주신 이준 교수님께 감사드리며, 이갑순, 김정애, 이춘남, 이차남, 박경숙, 조경례, 김정숙 황순임 등 일체 소원사 신도님께 감사드리고 정기현의 건강을 위해 언제나 기도드립니다.

삼세제불과 역대 조사님들과 모든 선지식 스승님들께 합장을 드립니다.

지은이 지월智月 합장

2025년 3월에